译文经典

幻影公众

The Phantom Public

Walter Lippmann

〔美〕沃尔特·李普曼 著

林牧茵 译

上海译文出版社

献给勒纳德·汉德

“人民的声音被说成是上帝的声音，无论这一格言被多么广泛地引用和信奉，事实并非如此。”

——亚历山大·汉密尔顿，1787 年 6 月 18 日于联邦制宪会议①

“……将‘以公众舆论治国’作为一种准则……这是一种值得钦佩的准则：但它不仅假设公众舆论是存在的，而且还假设在任何特定问题上，都有一个公众舆论随时准备解决这个问题。事实上，它假设在民主政治中，至高无上的政治家就是公众舆论。然而，民主政治中的许多问题说明，公众舆论根本就不是什么伟大的政治家。”

——摘自法洛登的格雷子爵②1923 年 2 月 3 日发表的演讲《关于公众生活的一些思考》

① Yates, cited *Sources and Documents Illustrating the American Revolution*, edited by S. G. Morison.

② 法洛登的格雷子爵（Viscount Grey of Fallodon, 1862—1933），英国政治家，曾任外交大臣（1905—1916），1914 年主张对德宣战。——译者

目 录

译者序

《幻影公众》1925年出版，作者沃尔特·李普曼在书中对西方传统民主理论提出质疑，认为该理论所塑造的至高无上的、全能的公众只是一个幻影。现实生活中，公众通常没有时间、没有精力、没有意愿，也没有足够的信息和能力为政治决策提供合理而有效的方案，因此他们无法真正拥有至高无上的统治权。这样的公众与民主理论构想相去甚远，却更接近事实真相。

以此为基础，李普曼在书中大胆地对建立在公众主导公共事务发展这一虚假信念上的民主制度进行了抨击，揭示其弊端，并提出了自己的解决方案。李普曼指出，公众必须走下圣坛，放下他们无法胜任的工作，将政治事务的决策权委托给“局内人”，后者不仅具有一定的专业知识和技能，更重要的是处于能够充分了解事件并采取行动的位置上。作为“局外人”的公众，应该尽量避免对“局内人”的干扰，回归本位，做自己力所能及的事情。

如果人们能够充分理解公众“局外人”的这一角色定位，就会明白民主理想是如何幻灭的，进而勾勒出一个真正的、可实现的、不同于民主教条所接受的公众舆论理想的轮廓。这就是《幻影公众》的基本逻辑线索。

在普遍信奉民主将增进人类福祉的社会大背景下，《幻影公众》令人难以接受，并不是因为人们不承认作者的洞见更接近事实真相，而是因为这部分真相令人不安和困惑。但是，只有承认和接受民主制度本身存在局限性和问题，并像李普曼那样积极应对（尽管他开出的药方仍存争议），才能不断推动民主制度的改进和完善，实现更好的社会治理和更广泛的人类福祉。李普曼的伟大之处也许正在于此。

沃尔特·李普曼（1889—1974），20 世纪美国著名的新闻记者、政论专栏作家，曾直接或间接地为 12 位美国总统出谋划策。从 1913 年跨入新闻界直至逝世，他留下了 1000

余万字上万篇专栏文章，出版了20多本著作[①]，影响了几代美国人，两度获得普利策新闻奖。

第二次世界大战结束后不久，李普曼针对乔治·凯南（George Kennan）所倡导的“遏制战略”写就了一系列反驳文章，轰动世界政坛。这些文章集结成《冷战》（*The Cold War*）一书，“冷战”一词遂成为20世纪下半叶国际关系领域的流行术语，时至今日仍被广泛使用。李普曼的冷战思想对美苏战略产生了深刻影响，是冷战时期美国思想领域三大派别中现实主义派的代表。

李普曼的著作大多与美国的政治生活紧密相关。他深入观察，理性思考，用精准的语言阐述并剖析各种问题，独到而深刻，不仅帮助普通公众透析纷繁复杂的政治现象，也潜

① 李普曼的主要著作有：《政治序论》（*A Preface to Politics*, 1913）；《放任与驾驭：尝试把脉当前的动荡局势》（*Drift and Mastery: An Attempt to Diagnose the Current Unrest*, 1914）；《外交赌注》（*The Stakes of Diplomacy*, 1915）；《政治景象》（*The Political Scene*, 1919）；《自由与新闻》（*Liberty and the News*, 1920）；《公众舆论》（*Public Opinion*, 1922）；《幻影公众》（*The Phantom Public*, 1925）；《主宰命运的人》（*Men of Destiny*, 1927）；《美国检察官》（*American Inquisitors*, 1928）；《道德序论》（*A Preface to Morals*, 1929）；《解释1931—1932》（*Interpretations 1931—1932*, 1932）；《自由之道》（*The Method of Freedom*, 1934）；《新的必然性》（*The New Imperative*, 1935）；《解释1933—1935》（*Interpretations 1933—1935*, 1936）；《美好社会》（*The Good Society*, 1937）；《美国外交政策：共和国之盾》（*U.S. Foreign Policy*：*Shield of the Republic*, 1943）；《美国的战争目的》（*U.S. War Aims*, 1944）；《冷战》（*The Cold War*, 1947）；《公共哲学》（*The Public Philosophy*, 1955）；《共产主义世界与我们的世界》（*The Communist World and Ours*, 1959）；《今后同苏联的较量》（*The Coming Tests with Russia*, 1961）。

移默化地影响着政治决策者，进而对美国的内政外交政策产生一定影响。

写作背景

据罗纳德·斯蒂尔的《李普曼传》[①]所述，1923年6月，李普曼在纽约长岛韦丁河村着手《幻影公众》的写作，经过一个夏天的笔耕，完成了10万字的初稿，后经删减于1925年出版。李普曼将这本书献给勒纳德·汉德[②]，在给这位大法官的信中他写道："我力图阐明假如舆论本身在知识和精神质量方面没有任何改进，舆论会起什么作用，怎样做才能更为行之有效。"[③]

李普曼之所以对有关舆论的话题感兴趣，或者说产生质疑，与他在第一次世界大战期间的所见所闻密不可分。虽然

---

① 罗纳德·斯蒂尔（Ronald Steel）：《李普曼传》（又名《沃尔特·李普曼与美国世纪》，*Walter Lippmann and the American Century*），于滨、陈小平、谈锋译，新华出版社，1982年版。

② 勒纳德·汉德（Learned Hand, 1872—1961），20世纪美国著名的法律学者和法官。其才学、智慧和对民主原则的深刻信念为人称道，是美国最具影响的法官之一。

③《李普曼传》，第328页。

美国以言论自由作为立国的基本原则之一，但是政府仍然可以影响媒体、引导舆论。事实上，许多政府官员都曾试图影响甚至控制媒体对国内外事务的报道，他们深知媒体的重要性，清楚媒体对舆论产生的巨大影响。美国政府干涉与压制媒体，进而操纵舆论的做法在第一次世界大战期间表现得淋漓尽致，这对当时大学毕业不久，心怀新闻理想、民主理想的李普曼来说颇具颠覆性，他深刻反思，并挥笔著述。

1917 年，美国刚刚介入第一次世界大战，威尔逊总统为了压制国内的反战声浪，设立了一个新的宣传机构——公共信息委员会（Committee on Public Information），大力宣扬战争。国会以惊人的速度一致通过了《反间谍法》(Espionage Act, 1917) 和《反煽动叛乱法》(Sedition Act, 1918)，如果有人阻挠政府发行公债、抵制征兵、对政府或军人嗤之以鼻，就会被诉诸法律。政府还建立了一个全国情报网，派人渗透到那些被认为“危险”的组织中去，可以不经批准对这些组织进行突击搜查。1918 年，美国政府对国内舆论的镇压愈演愈烈，大批工会领袖被起诉，观点激进的杂志被禁，持和平主义观点的报纸受到刁难，政府还拒绝向有“嫌疑”

的媒体提供发行优惠，更多的“极端分子”被逮捕，许多异见者受到恐吓。

尽管这一切是以维护战时国家安全为由，李普曼仍然极为不满，他斥责道：“自约翰·亚当斯以来，还未曾见过执政者对宪法规定的自由进行如此一意孤行且异常危险的打压。对异己分子不经审讯就加以驱逐，对政治犯量刑残酷，进行新闻检查和压制言论，凡此种种都构成了恐怖的君主统治，在这样的统治下，不允许有诚实正直的思想，不支持温和节制的做法，疯狂取代了理性。”①

李普曼体会到，公众舆论是可以操控的，甚至是可以制造出来的，这对言论自由和民主制度构成了严重威胁。基于此，李普曼放弃了在一战前所持的新闻传播业的发展能够增进民主的信念，《公众舆论》(1922) 和《幻影公众》(1925) 两本著作在一战后相继出版，互为补充和呼应，揭示了民主制度的内在缺陷。意识到这一问题严重性的还有当时美国的一些自由派思想家，他们和李普曼一样，认为单靠政府压制

① 《李普曼传》，第 257 页。

媒体，不是引导舆论有效而可行的做法，明智之举是从战时宣传的实践中吸取教训，不断修正错误，完善民主制度。

在对公众舆论的基本认识方面，各派思想家产生了分歧，主要有两种对立的观点：第一种认为公众可以而且应该参与民主治理；第二种主张公众是无知的，他们只是偶尔参与投票，表明自己支持或反对的立场，无法在政治领域发挥实质性作用。李普曼是后者的代言人，而前者的代表人物是美国哲学家约翰·杜威（John Dewey）。《幻影公众》出版后，杜威撰写《公众及其问题》（*The Public and Its Problems*）一书予以回应，为公众在民主生活中的作用进行辩护。双方观点形成论战之势，至今为人称道。

向传统民主理论发起挑战

一、神圣的公众只是一个幻影

民主理论的源头可以追溯到古希腊城邦时期。18 世纪的启蒙运动和 19 世纪的民主运动大大推动了民主理论的发展。传统民主理论思想家普遍认为，民众可以自由而尽情地表达见解，在公共领域通过辩论形成共识，发现并发展真理。如果一个公民具有理性判断力并充分了解事实的话，他就会做出明智的政治决策。传统民主理论将公众神圣化，认为公众是至高无上的、拥有超越个体意愿的统一意志，是由个体公民组成的有机体，具有高度的智慧和道德水平，能够应对各种问题，是无私与普遍的代名词，是法律和道德的楷模。

对此，李普曼予以否认，他认为这样的公众只是根植于错误理论假设中的一个幻影。无法指望时间、精力、信息资源都极为有限的普通公众对政治事务进行恰当地解读，并给出合理方案。明智的选择是请他们放下无法胜任的工作，交给能够全面了解问题并采取行动的“局内人”。换言之，李普曼主张以代议制“精英政治”取代基于个体民众参与的“大众民主政治”。李普曼开篇就把公众比喻为坐在剧院后排的聋人观众，面对眼前发生的一切，无法使自己保持清醒。

不仅完美全能的公众是一个幻影，作为整体的公众概念本身也是虚构的。李普曼拒绝将公众视为一个整体；将他们的意愿视为一个意愿；将他们的思想视为一个思想；将他们的群体视为一个有机体，而每个个体则是这个有机体的一个细胞。在他的眼中，公众是拥有各种不同思想、灵魂和目标的男人、女人和孩子的集合体。在公共事务领域，公众并不是一个固定的个体集合体，他们“只是那些对某件事感兴趣，并且只能通过支持或反对相关行动者对这件事施加影响的人”[①]。

本书以“幻影”为题，或可从以下几方面进行粗略解读：

第一，幻影是一种隐喻，传统民主理论所塑造的完美的、全能的、如同上帝般的公众现实中并不存在，那只是一个幻影。现实中的公众无法胜任民主理想赋予他们的神圣使命。

第二，作为整体的公众概念本身也是一个幻影。公众是由一个个鲜活的生命个体组成的集合体，而不是民主理想中那个作为整体的抽象概念。

第三，公众生活在幻象中。李普曼认为，大多数人所了解的现实，实际上是由经由过滤和加工的信息塑造出来的，

---

① 《幻影公众》，第六章。

被主流媒体和政治精英所选择和呈现，并非真正的现实。这些信息营造出一种幻象，误导和影响着公众的思想和行为。

第四，幻影还表达出李普曼眼中一种不真实的、模糊的、虚幻的民主图景，在他看来建立在全能主权公民基础之上的民主理想是虚幻的，朝着这个目标努力只会误入歧途，导致理想的幻灭。

二、民主程序的设计存在弊端

在发现并揭示公众本来面目的过程中，李普曼对民主制度的思考逐步深入，他意识到民主程序的设计存在弊端。民主权力起源的正义性并不意味着民主权力行使的过程也必定是正义的，选举埋没了民主的本质，他写道：“我们走进投票站，在一张纸上，从两个、三个或四个名字中选择一个做标记。这样就表达了我们对美国公共政策的看法吗？想必我们对此有许多想法，包括许多‘但是’‘如果’‘或者’。显然，在纸上简单地标记一个名字并不能将它们表达出来。”①

① 《幻影公众》，第四章第二节。

更何况有三分之一的选民因各种理由拒绝参与投票，参与投票的选民也并非都出于理性和民主理想。李普曼据此判断，通过选举的方式来表达公众意愿的美好理想也是一种幻想。

从选举机制来看，不同党派的轮流执政虽然看似体现了大多数选民的意愿，但绝非竞选者所宣称的那样，是所谓决定国家命运的公众意志的表达。在李普曼看来，选举只是一场游戏，只意味着政治事务管理中出现一些新面孔[①]。李普曼对此进行了深刻剖析并指出，执政党与在野党的真正区别在于，执政党受制于与特殊利益集团的纠缠而失去了判断问题的中立立场，无法阻止相关利益集团的肆意妄为；而在野党的优势在于他们不受那些特定利益集团的束缚。

此外，庞大而复杂的现代社会不仅考验着统治者的治理能力，也考验着被统治者狭小眼界下的生存能力。为了在不确定的环境中寻求稳定，人们表现出强烈的组织倾向，纷纷加入各种协会。而为了将越来越多的人纳入相同的法律和习

① 《幻影公众》，第十二章第一节。

俗框架中，权力集中成为必然趋势，那些在权力中心做决策的人与他们所管辖的人和事都相距甚远。

由于认识到民主理论的基础不切实际，民主选举的过程装腔作势，民主治理的现实趋于集权，李普曼认定民主政治陷入困境：一方面，制定规则需要获得民众的广泛认同；另一方面，似乎只有通过集权和强制推行规则才能解决最重要的问题，而这必然无视认同原则。他在书中悲观地写道："这个困扰民主政治的痼疾，看似无法通过民主自身的方式来解决。"[①]

并不是所有人都认为这是个无解的问题，有人指出"治疗民主弊端的良方是更多的民主"。李普曼认为这行不通，不能设想以实行更多的民主，也就是扩大选举权或动员人们去投票来解决这一问题。因为这些行动只是在表面上增加了人们参与政治决策的机会，却并没有从根本上改变民众对于政治事务的无知和处于事件外围这一事实，更没有消除政治精英的垄断和控制。在这种情况下，扩大民主只会让更多的人去追随那些表面上看起来有魅力的政客或政党，而他们可

① 《幻影公众》，第十六章第二节。

能并不真正代表公众利益，也无法真正解决社会问题。在他看来，不应给予公众过高的期待，通过扩大选举权或动员人们去投票以促进民主的美好愿望是无法实现的。不仅如此，李普曼认为，让无知懵懂的公众通过选举来体现多数裁定原则内在的道德与智慧，非但荒谬而且存在更大的风险，即大众暴虐。

三、大众暴虐：民主的潜在风险

李普曼所谓的大众暴虐，是指在民主政治中，多数人滥用民主原则，剥夺少数人的权利或给予不公正的对待。大众暴虐并非只存在于理论中，回看历史，法国大革命期间发生了大量的政治迫害事件；纳粹德国时期，纳粹政权以公意为名对少数族裔、异见分子及其他“不符合纳粹意识形态”的人实施种族灭绝和集中营政策。事实证明，如果在行使民主权利的过程中，公众及其权力被夸大并失去控制，不仅民主的作用无法体现，还可能成为一种貌似公平、实则偏执的巨大破坏力量。李普曼所担心并高度警惕的正是这样一种可能性。他指出，多数人的权力趋向于专横和绝对。若要维护公平与自由，需要“限制多数人的权力，打散他们的力量，这些很可能就是关注自由的人们的当务之急”①。

在李普曼眼中，公众无疑是难以驯服的巨兽，而不是可以教育的力量。19 世纪被普遍接受的“多数人的意志代表上帝的声音”，在他看来是荒谬的，是自欺欺人，实际上不过是君权神授的一种新面目。他在书中警告说，错误的民主理想只能导致理想的幻灭和暴政，“无论是历史上还是现实中，基于多数裁定原则的选举实质上是内战的一种升华和变体，是没有现实暴力的书面动员”②。在这场战争中，只要清点交战双方军队的人数，在血肉横飞之前，胜利就被赋予了人数较多的一方。然而，有什么理由相信 51% 的人就必定真理在握呢？那只意味着他们的人数略多而已。李普曼指出，把美德与智慧寄托于任意人群中的 51%，这其中固有的荒谬是显而易见的。……在政治领域中，多数裁定原则的正当性并非源于其道德优势，而是纯粹出于为文明社会中多数人的力量找到容身之地的必要性。③

---

①《李普曼传》，第 339 页。
②③《幻影公众》，第四章第二节。

无论李普曼的观点是否被接受，不得不承认，他对多数裁定原则的揭示深刻而独到。在政治领域，多数裁定原则究竟在多大程度上体现出道德的优势？少数人的声音和利益又该如何被充分地尊重和保障？时至今日，这些问题仍然值得民主制度的设计者正视和深思。

探索民主优化的新路径

一、公众必须归位

李普曼不认可传统民主理论中的神圣公众，但他并没有全盘否定公众在公共事务中的作用。在他看来，应该用更为成熟理性的态度来理解公众，客观地衡量其能力。公众在公共事务中能够发挥一定的作用，但必须根据其特点采用适合自己的方式和方法参与其中。

对于大规模群体而言，尽管每个个体可能都持有不同的观点，但他们在行动上总体趋于一致，“人的集合越复杂，一致性就必然越模糊，共同的观念也越简单”[①]。基于

① 《幻影公众》，第三章第二节。

这一认知，李普曼找到了合理发挥公众作用的线索。他同时强调，在预估公众能力时，一种健全的政治理论必须坚持最大的安全因数，它必须淡化公众的行动能力[①]。因此，他选择了尽可能削弱公众的社会职责，帮助公众卸下在民主理论中隐含的各种义务，包括解决问题的实质、做出专业决策、努力伸张正义或者加强道德训诫等。

在他看来，公众的作用在于识别那些有决断力的人，支持或反对他们以及他们的主张，在两个竞争党派中做出选择。尽管民主理论认为人民至高无上，但事实上这种至高无上的权力很大程度上只意味着表达“同意”或者“不同意”。公众的这种角色定位是由他们处于事件外围这一事实决定的，李普曼因此称其为“局外人”。作为“局外人”，公众必须归位，做自己力所能及的事情。更重要的是，这样每个人才能摆脱迷惑兽群的喧嚣，享受自由的生活。

此外，公众可以在危机中成为制衡专制的力量。李普曼

---

① 《幻影公众》，第五章第一节。

相信，作为一种力量储备，危机来临时，在适当的机制、领导和培训下，公众舆论的力量可以被用于支持那些捍卫良法而反对暴政的人。他写道，公众只在危机时刻才有必要介入，不是为了处理问题的实质，而是制衡阻碍调整的专制力量。……也就是说，介入他们能够帮助平息混乱的事务，从而让他们真正回归自己的本职。①

公众还可以成为社会规则的守护者。得到广泛认同的社会规则包括法律、契约、习俗等，它们负责协调不同利益之间发生的冲突。公众并不是具体规则的制定者，而是规则体系的维护者，李普曼解释道："公众感兴趣的是法律权威，而不是具体的法律条文；是法律的运行方式，而不是法律的实质内容；是契约的神圣性，而不是特定的契约；是基于习俗的理解和共识，而不是这个或那个习俗。"②公众的力量集结于规则的信仰之下，随时准备斥责规则的破坏者，维护规则的权威。规则并非一成不变，对既有规则的挑战和修订也需要由规则来维护，即在一定的程序下进行，这一过程同样

① 《幻影公众》，第十六章第四节。
② 《幻影公众》，第八章第四节。

需要公众的力量参与维护。

二、主张精英政治

治理国家是一项长期而复杂的工作，面对社会生活中充满变数的各种问题，公众无法保持长久的热情，他们甚至不可能做出哪怕是最粗略的判断。因此，李普曼自始至终对公众舆论和群体行动所能产生的影响不抱期待。他劝说公众在涉及具体问题时不要轻易介入，因为他们采取的任何积极行动，几乎可以肯定，只会添乱而不是帮忙。

专业的事应该由专业的人来做。李普曼主张，把事务代理权委托给具有相应专业素养的公众中的杰出人士，他们可以运用专业知识和经验，更加客观、理性地分析和解决问题，相较于公众，他们显然更有可能做出科学有效的判断，他认为，大多数问题只限于这个专业群体范围内讨论，普通公众只能捕风捉影地了解一些片段信息。① 这里我们依稀看到了柏拉图政治理想的影子。柏拉图（约公元前 427—前

---

①《幻影公众》，第十二章第一节。

347）认为，人的天赋是不同的，并不是每个人都有能力成为政治领导者，人们在社会中应该找到适合自己的位置，发挥他们最能胜任的职能，相互补充、相互支撑，才能成就一个良好社会，成就一个“理想国”。“理想国”中的正义，很大程度上体现在“每个人都从事最适合自己的工作，所有社会职能都能得到最好的发挥”①。

李普曼并没有照搬柏拉图的精英政治理念。他强调，专业和能力，只是成为公众代理人的必要条件之一。更为重要的是，他们必须能够洞悉事件的具体情况并有效采取行动，也就是处于“局内人”的位置上，这样他们才有可能成功地处理问题的实质。“局内人”与“局外人”的根本区别并不在于他们的天赋不同，也不在于他们接受的专业训练不同，而在于他们与问题之间的关系完全不同。民主理念的错误就在于未能意识到“局内人”与“局外人”之间的根本差异，不切实际地期望“局外人”能够像“局内人”一样成功地处理问题。

如果画一个圈，将需要解决的特定事务围在圈内，那么

---

① [挪] 奎纳尔·希尔贝克、尼尔斯·吉列尔：《西方哲学史——从古希腊到当下》，童世骏、郁振华、刘进译，上海译文出版社，2004 年 4 月，第 60 页。

“局内人”就是圈内解决问题的行动者，而“局外人”是圈外的看客，也许他们可以偶尔表达一下对圈内人的支持或反对，仅此而已。因此，“局内人”与“局外人”在书中还有另一种表述，即“代理人”与“旁观者”。有必要发明这么多概念来说明同一个问题吗？其实，这两组概念各有侧重，“局内人”与“局外人”强调的是位置坐标 where，而“代理人”与“旁观者”则倾向于他们在做什么 what。这样一来，一幅各司其职的动态政治运作图景便清晰呈现。

“代理人”与“旁观者”并不是固定的概念，“局内人”与“局外人”这两种身份也不是绝对的。“一个事件中的行动者可能是另一个事件的旁观者”①，李普曼的这一补充说明体现出现代社会的复杂性和动态性特征，也体现出其与柏拉图精英政治思想的差异。

引发的评论与争议

李普曼在《幻影公众》中为我们揭示出隐藏于民主光环

① 《幻影公众》，第十章。

之下的诸多现实问题，篇幅不多，却极具震撼力和破坏性。

历史学家及社会评论家小阿瑟·施莱辛格（Arthur Schlesinger, Jr.）从《幻影公众》中看到了希望。他认为，这本书是“怀疑主义令人敬佩的尝试”，在这种怀疑主义中，李普曼看来已经把“任何普遍的模式和任何最重要的观点都从他脚底下扫除干净”[①]。

美国记者门肯（H. L. Mencken）在评论《幻影公众》时说，李普曼刚踏上生活道路时，对民主寄予了崇高的期望，而且对大众的先天智慧有一种几乎是神秘的信赖，但最后得出了大众是“愚昧无知和不可教诲的”结论。[②]门肯的说法并不准确，其实，早在1911年李普曼刚开始在《波士顿平民报》当见习记者时，就敦促自由派承认“民主的局限性”，并清楚地认识到选民不过是整天为自己的事忙得不可开交的人。可见他对民主弊端的反思由来已久。

李普曼在哈佛读书时的老师格雷厄姆·沃拉斯（Graham Wallas）是众多对《幻影公众》感到沮丧甚至困惑的人之

---

①② 《李普曼传》，第332页。

一。在给这位昔日得意门生的信中，他写道："你是在给亚历山大·汉密尔顿、杰里米·边沁和沃尔特·李普曼的孩子们写书。……但你并未向他们指出，怎样才能把他们的头脑、精力，他们对同胞的爱和怜悯之心，通过许多不同的服务方式和经历更为有效地体现出来，为人类造福。你在"局内人"和"局外人"之间所划的明白无误的界限只能使他们感到困惑不解。"①

尽管李普曼仍然希望为人类造福，但他已不再是在哈佛读书时那个充满激情和幻想的年轻人了，他的理想在现实中不断幻灭，对激情感到厌倦。他在书中写道，这个普通人经历了政治的浪漫时代，不再被陈词滥调所打动。当他冷静和清醒时，便意识到自己在公共事务中扮演的角色是如此虚妄，或至少是无足轻重的。你无法用为社会服务、尽公民义务来说服他，也不能在他面前挥舞一面旗帜或派个男孩追着他，催他去投票。他退守家中，不再像十字军战士那样企图把世界改造成别的样子。他被周围光怪陆离的事情戏弄了太

① 《李普曼传》，第 333—334 页。

多次，眼睁睁地看着泡沫破碎……[1]

在对李普曼民主观的质疑声中，约翰·杜威的观点最具代表性。杜威也对当时美国的民主状态深感忧虑，但与李普曼相反，他对公众能力及民主制度仍然抱持乐观态度，这代表着民主理论的主流。

1925 年《幻影公众》出版后，杜威撰写了《公众及其问题》一书，于 1927 年出版。他在书中系统阐明了自己的民主观点，强调民主不仅是一种政治制度，更是一种社会生活方式。民主政治的核心是努力为社会中的个人创造条件以发挥他们的最大潜能。这种民主认识论与两千年前亚里士多德的政治主张高度契合。在政治运作领域，杜威主张公众应广泛参与政治，表达了对公众运用自身智慧处理公共事务的信心。他坚持认为，公众并非李普曼所说的只是一个幻影，而是一种真实的存在，当理性公众出现时，民主就会产生。尽管在民主政治的现实中，庞大的社会造成了人与人的疏离，使民主的基础有所衰落，但解决问题的发力点应是加强

① 《幻影公众》，第一章第一节。

民主，而不是相反。需要强调的是，尽管民主制度是人类智慧的体现，但杜威承认，它只是人类智慧所设计出的适应历史上一个特定时期的最好手段。

李普曼与杜威的观点分歧，体现了现实主义民主观与传统民主观的冲突。李普曼从现实出发，对基于全能主权公民的民主理想持悲观态度，其思想具有强烈的批判色彩，毫不留情地揭下了公众的神圣面纱，认为他们非但无法担负重任，反而有可能导致大众暴虐。李普曼的确识破了一部分事实真相，但不可否认，他低估了公众在决策中的重要性，将公众视为政治生活的“局外人”而非积极的参与者，用美国传播学者詹姆斯·凯瑞（James W. Carey）的话说，“从 20 世纪 20 年代以来，公众从概念上被清空了”[①]，这本质上是对民主制度的否定；而杜威的讨论更多地停留在理想化层面，他以公众具有理性判断和政治参与能力为前提，给予公众过多的期待，这种理想与现实之间的差距或对民主决策产生误导。

然而，有缺陷的民主终究好于没有民主，这正是为什

① 汪涌豪：《是公众幻影还是精英傲慢》，刊载于《文汇读书周报》，2013 年 2 月 22 日。

么杜威的观点仍是主流，而李普曼的观点令人难以接受。不过，与历史上大多数反对者一样，李普曼并不是制度的破坏者，而是建设者，他批判的目的是促进制度的完善，增进人民福祉。

留下的精神财富

一、挑战与批判

挑战传统、批判经典，是李普曼政论的突出特点。传统和经典往往代表着社会和文化的根基，是人类千百年来智慧和经验的积累，但无论哪个领域，都会有曾经的传统和经典被现实否定。历史是一个发展变化的过程，也许经典理论的前提假设发生了改变，也许曾经的经典理论本身就存在谬误，也许人类的认识在不断地深入和拓展，新思想、新事物、新观念便自然而然地在历史进程中不断涌现，因此以开放的姿态面对曾经的经典，汲取精华和养分的同时，不迷信、不盲从，才能不断拓展人类的认知领域，适应和推动社会发展。

然而，挑战传统和批判经典往往会招致反感和争议，需要勇气和决心，更需要理性和智慧。在实践中，这是对待问题时拒绝惰性、摆脱依赖的积极态度。这种态度可以转化为一种思维方式和习惯，在接纳任何一种理论或信念之前，都用事实和证据对其进行检验，而不是迷信权威、人云亦云。

李普曼并非批判一切，但他的确是在不断运用批判这一利器，对新闻、民主、舆论等进行剖析和研究。在实践中，他怀疑民主，怀疑新闻的真实性，怀疑公众的能力。在怀疑中，他不断思考，提出自己的理论假设和解决问题的方法。虽然这些假设和方法并不全都是可行的或者正确的，但它们为解决现实问题提供了多元化的视角和途径。

二、理性主义光华

李普曼是一个理性主义者，他不轻易得出结论，而是习惯于在充分了解历史和现实的基础上，运用简明、精准的语言阐明时代所处的困境，在他看来，如果言辞不能精确地表达思想，思想本身很快就会变成无法辨认的东西。他善于运用逻辑推理对当前公共政策或人们头脑中根深蒂固、似是而非的观念进行连续性地评论和批判，他指出，人们头脑中那些根深蒂固的错误观念可能会引发比它们准备解决的问题更为严重的问题。

此外，他清醒地认识到当代社会的多元化特征，不同的群体、不同的诉求、不同的观点都应该得到尊重和包容，否则面对复杂问题时，就很难拥有理性客观的立场。承认、包容和尊重多元，是对社会现实进行深入剖析的前提，是解决各种社会问题的先决条件。

李普曼的理性主义特征还体现在他的价值选择中。1914年，李普曼在《新共和》创刊号上写道："每一个健全的人都知道，建设一座城市比炸毁一座城市更伟大，耕种一块土地比践踏一块土地更伟大，服务人类比征服人类更伟大。"① 可见，李普曼的价值选择在于建设、耕种和服务，而非破坏、践踏和征服。尽管铸剑与铸犁花费同样多的劳动，但是选择铸犁需要拥有更崇高的价值观。这种理性主义价值观历经现实的淬炼愈发明显。1917年9月，李普曼在为一

① 沃尔特·李普曼：《早期作品》(*Early Writings*)，Liveright，1970年版，第3页。

战收尾做准备的美国咨询班子里担任秘书长期间积极倡导国际合作，建立国际机构。在1916年的国内大选中，他支持威尔逊关于农业信贷、童工法和铁路工人八小时工作制等提案，从现实出发寻求改善民生、实现自由与平等的途径。在1929年出版的《道德序论》中，他进一步阐述了自己对道德和伦理问题的思考，倡导新时代在人文主义之上建立新的道德制度。他以老友的姿态劝说身处时代焦虑中的人们成为“成熟的人”，以“坚忍刚毅面对痛苦，不被恐惧缠绕和侵蚀，平静地度过人生”①。这种超然物外的“局外人”姿态，正是李普曼在《幻影公众》中所倡导的普通人摆脱无法胜任的政治责任应该回归的个体本位。回归并非终点，回归本位后个人内心的道德塑造仍是一个新的课题，是现代社会文明、安定的基础。

三、政治哲学思想的传承与运用

古往今来各派哲学所研究的无非是人与世界、人与自

① 《李普曼传》，第403页。

身、人与人之间的关系。无论认为物质世界与人不过是某种精神世界的外化，还是认为人连同他的精神都只是物质世界的产物，所有哲学家都力图回答人能否和如何认识、把握、改造其自身及其所处的世界。在哈佛大学读书时，李普曼用三年时间完成了四年课程，其中包括七门哲学课。最后一年，他专攻哲学，除了在哈佛图书馆如饥似渴地读书，他还给哈佛著名的哲学教授桑塔亚纳做助教。哲学不仅教会李普曼理性、辩证地思考，也对他思想体系的形成产生了深刻影响。

关于多数人的见解，赫拉克利特在公元前500年就表现出毫不掩饰的蔑视，直言“多数人的见解就像儿戏”，“他们即便听到了它（逻各斯［logos］，变化的规律），也不理解它，就像聋子。常言道，‘在场如不在’，正是他们的写照”[①]。李普曼在《幻影公众》的开篇，就借用了这个比喻：“当今的普通公民就像坐在剧院后排的聋人观众，他本该关注舞台上展开的故事情节，却实在无法使自己保持清醒……”

① 赫拉克利特著作《论自然》的残篇，《西方哲学原著选读》（上卷），北京大学哲学系、外国哲学史教研室编译，商务印书馆，2016年11月版。

“苏格拉底之死”也很可能让李普曼对多数人的暴政产生了高度警惕。公元前399年，被誉为古希腊“最高贵和最富有智慧之人”的苏格拉底被雅典陪审法院的500名陪审团成员以多数原则判为死罪。这是雅典民主史上最大的耻辱，民主光鲜外衣下隐藏的暴政显露无遗。柏拉图对此痛心疾首，反思大众民主的弊端，构想出“理想国”。而在柏拉图的理想国中，民众要过上幸福和善的生活必须依靠极少数对善的理念有着最好的洞见、拥有最高美德的哲学家来引领。这就是柏拉图的“哲人王”思想，也是西方精英政治的思想源头。

《幻影公众》第六章以“亚里士多德之问”为题，重新思考了亚里士多德曾在《政治学》中提出的问题：如何在复杂的环境与有限的人类政治能力之间架设一座桥梁？亚里士多德小国寡民的民主方案无法适用于当今的“大社会”，李普曼花了大量篇幅试图回答这个两千年后仍然困扰着现代人的问题。

16、17世纪英国经验论创始人弗兰西斯·培根的“四幻象学说”成为李普曼著名的“拟态理论”和“刻板成见”理论的直接来源，用以说明人类认识世界的有限性和与生俱来的偏见。而18世纪法国启蒙思想家让-雅克·卢梭在《社会契约论》中提出的"主权者"(sovereign)和"公意"(general will)概念[①]则成为李普曼批判的对象。

思想是可以传承的，不受时空阻隔。历代哲学先贤的思想是李普曼政治哲学的重要思想源泉，启发他对美国政治、媒体和社会问题进行反思，进而深刻揭示出诸如民主制度的缺陷、媒体的成见、民众的无知等社会深层次问题。在此基础上，李普曼为现代民主政治开出药方，公众应放下自己无力承担的责任，把它交给"局内人"。这种"精英政治"主张尽管有傲慢之嫌，但不可否认它揭示出一部分隐藏在民主政治光环之下的真相，启发人们进一步思考与探索。

李普曼与中国

沃尔特·李普曼在他的著作和政论文章中不时提及中

① 在《社会契约论》中，卢梭认为，当具体的人民通过社会契约把自己所有的权力转让给作为整体的人民时，他就不再是孤独的个体，而是作为整体的一分子存在于契约社会中。这个整体性的人民就是"主权者"，它拥有至高无上的权力，主权者的统一意志就是"公意"，它永远正确，且具有决定一切公共事务的绝对权威。

国。在他的心目中，中国是一个有着悠久文明史的国家，是一个影响力在全球范围内不应被忽视的国家。然而遗憾的是，李普曼从未到访中国，从未亲眼见过中国社会的真实状况。1972 年 1 月，中国驻联合国使团曾派代表看望李普曼，并带去时任总理兼外长周恩来的访华邀请，李普曼谢绝了，他说“这样的旅程对于一个 83 岁的老人来说太过艰难”。同年 3 月，中方再次发出邀请，他又一次谢绝。就这样，李普曼与中国擦肩而过。

李普曼对中国读者来说并不陌生。早在 20 世纪 20—40 年代，在《申报》任职的汪英宾和燕京教授梁士纯就曾向国人介绍过李普曼，当时称他为“立浦门”或“列浦曼”。李普曼去世后不久，罗纳德 · 斯蒂尔为其立传，《沃尔特 · 李普曼与美国世纪》1980 年出版。1982 年，以《李普曼传》为名的该书中文版面世，成为中国读者了解李普曼的重要资源。被奉为传播学奠基之作的《公众舆论》，1989 年 7 月出版了第一个中译本[①]，随即在国内引发热议，学者们的研究

① 当时该书名为《舆论学》，林珊译，华夏出版社出版。2002 年该书更名为《公众舆论》，阎克文、江红译，上海人民出版社出版，2006 年上海世纪出版集团再版。2018 年该书再度更名为《舆论》，常江、肖寒译，北京大学出版社出版。

大多聚焦于李普曼在传播学领域的贡献，但其实《公众舆论》所涉及的问题并不局限于新闻传播学范畴，它也是一本政治学著作，因为李普曼将其所探讨的公众舆论置于整个民主政治的运作逻辑之中。政论，这一李普曼著作的显著特征在《幻影公众》中体现得更为明显。

《幻影公众》被认为是《公众舆论》的续篇和姐妹篇，两本著作互为补充和呼应，阐明了李普曼独到的民主观。就学术价值而言，《幻影公众》丝毫不逊色于《公众舆论》，甚至可以说是李普曼个人更为成熟、更为理性的思考，但是从影响力来看，《幻影公众》远不及《公众舆论》，很快就绝版了。《李普曼传》的作者罗纳德·斯蒂尔评价说："人们对它的忽略是不幸的，因为它是李普曼论证最为雄辩和最富有启示的著作之一。在这本书里，李普曼充分论述了传统的民主理论的不足之处。"①

目前，中国学者对李普曼的研究仍然相对有限，资料不足是原因之一。李普曼著述颇丰，但译成中文的屈指可数。

① 《李普曼传》，第 331 页。

1960年，世界知识出版社出版了李普曼的一本小册子《共产主义世界与我们的世界》。时隔29年，1989年《公众舆论》被介绍到中国。24年后，即2013年，笔者翻译的《幻影公众》由复旦大学出版社出版。

《幻影公众》的中文版面世后，很快被列入复旦大学等高校新闻传播学院的必读书目，复旦大学出版社五年间（2013—2018）五次印刷以满足读者的需求。2020年雅众文化与北京联合出版公司合作推出了《幻影公众》的新译本。而今，经过对全书的再次系统性梳理，《幻影公众》以全新面貌由上海译文出版社出版，令人期待。作为《幻影公众》的译者，笔者很高兴将沃尔特·李普曼这位“赫赫声名开万户”的美国政论家介绍给中国读者。

林牧茵

第一部分

第一章　幻灭之人

一

当今的普通公民就像坐在剧院后排的聋人观众，他本该关注舞台上展开的故事情节，却实在无法使自己保持清醒。他能感觉到自己正受到周围所发生的事的影响。不断出台的条例、规章、年度税收，以及不时爆发的战争都让他觉得自己正被社会的巨大变化席卷着。

然而，没有确凿的证据表明这些公共事务与他有关。它们几乎是他无法触及的。如果它们确实存在，那么很可能是在远离他生活的地方，被不知名的幕后力量掌控着。作为一个普通人，他并不确定正在发生什么，谁在操控一切，以及自己将被带往何方。没有报纸给他相应的背景报道，帮他把握；也没有学校教他如何想象这些。他的理想往往与这些事务无法契合，他发现，聆听演说、发表观点、前往投票，都不能使他获得驾驭这些事务的能力。他生活在一个看不清、搞不懂、不辨方向的世界里。

在冷酷的现实中，他意识到自己的统治权是一种虚幻。他只是理论上的统治者，实际上根本不是。他审视自己以及自己在公共事务中的碌碌无为，对比他实际施加的影响与民主理论认为他应该施加的影响，他不得不承认，“统治权”对他而言，就像俾斯麦眼中的拿破仑三世：“远看似乎是什么，但走近一看，什么都不是。”[①] 在某种鼓动性场合，比如政治竞选，他听到自己和其他3000万民众被描述为一切智慧、力量和正义的源泉，被吹捧为政治的主引擎和终极目标，他内心残存的理智在抗议。他无法始终扮演一只因自己每天叫醒太阳而光彩夺目、情绪饱满的雄鸡。

因为这个普通人经历了政治的浪漫时代，不再被陈词

① 引自菲利普·盖达拉（Philip Guedalla），《第二帝国》（*The Second Empire*）。

滥调所打动。当他冷静和清醒时，便意识到自己在公共事务中扮演的角色是如此虚妄，至少是无足轻重的。你无法用为社会服务、尽公民义务来说服他，也不能在他面前挥舞一面旗帜或派个男孩追着他，催他去投票。他退守家中，不再像十字军战士那样企图把世界改造成别的样子。他被周围光怪陆离的事情戏弄了太多次，眼睁睁地看着泡沫破碎，带着对这些东西的尖酸嘲讽，他与《更多琐事》的作者说道：①

"'自决'，其中的一人坚决地说。

"'仲裁'，另一人叫喊。

"'合作'，党内最温和的人提议。

"'没收'，一个不妥协的女人回答。

"我也被这些叫喊搞得晕头转向，它们不是治愈我们所有疾病的良药吗？

"'接种疫苗！'我插话道，'质变、头韵、泛滥、鞭挞、造林'！"

---

① 洛根·皮尔斯奥尔·史密斯（Logan Pearsall Smith），《更多琐事》（*More Trivia*），第41页。

二

众所周知，全体人民都参与公共事务的情况并不存在。在美国，即使在大选年，参与投票的选民也不到一半。[①] 在1924 年大选期间，采取了一些特殊措施，试图鼓励更多的选民参与投票，但是他们并没有积极响应。这种消极的态度被认为对宪法、国家、政党体系、总统交接和私有财产都构成了威胁。如果参与投票的选民不够多，各种耸人听闻的言论便会满天飞：有预言称某个政党将遭“红祸”(red ruin)，另一个则“黑祸”临头，第三个将走向暴政和帝国主义等。尽管如此，仍有一半的选民无动于衷。

学生们过去常常以“投票”为题发表宏论，而今他们开始研究“弃权”问题了。芝加哥大学的梅里亚姆教授和戈斯内尔先生针对 1923 年的芝加哥市长选举进行了一项详尽的

① 参见西蒙·米歇雷特（Simon Michelet），《居家选民与弃权者》(*Stay-at-Home Vote and Absentee Voters*)，“全国动员投票俱乐部”(the National Get Out the Vote Club）宣传册；A. M. 施莱辛格（A. M. Schlesinger）和 E.M. 埃里克森（E. M. Erickson）合著的《消失的选民》(*The Vanishing Voter*)，发表于《新共和》，1924 年 10 月 15 日。从 1865 年到 1920 年，选民投票率由 83.51% 降到了 52.36%。

调查[1]，研究为什么 140 万有选举资格的选民只有 90 万人进行了登记，而登记选民中只有 72.3 万人最终投了票。数千人接受了他们的调查采访。约 30% 的弃权者表示，他们遇到了无法克服的困难：生病、不在投票地、被孩子或病人困在家里、没有合法居所等。而另外的 70%，这个共和国约 50 万自由且至高无上的公民，甚至不愿意假装自己有不去投票的理由，事实上这并不意味着他们对投票漠不关心。他们要忙工作，投票站拥挤，投票站的位置不便，他们害怕透露年龄，他们不信妇女有选举权，丈夫反对，政治腐败，选举腐败，他们害怕投票，或者根本不知道有选举这回事。约四分之一的受访者坦言，他们对此毫无兴趣。

然而，作为这一问题的权威人士，布赖斯表示："主权人民的意愿表达……在美国……是通过登记选民的投票率来实现的，与任何其他国家一样高。"[2] 当然，洛厄尔先生关于瑞士选民主动性的研究表明，美国选民的冷漠并非孤立现象。[3]

---

① 查尔斯·爱德华·梅里亚姆（Charles Edward Merriam）和哈维·富特·戈斯内尔（Harvey Foote Gosnell），《不投票：原因及控制办法》（*Non-Voting: Causes and Methods of Control*）。

② 詹姆斯·布赖斯（James Bryce），《现代民主》（*Modern Democracies*），第二卷，第 52 页。

③ A. 劳伦斯·洛厄尔（A. Lawrence Lowell），《公众舆论与民众政府》（*Public Opinion and Popular Government*），附录。

事实上，欧洲的现实主义政治思想家早已摒弃了民众集体主导公共事务的观念。社会主义者罗伯特·米歇尔斯坦言，“多数永远无法实现自治”[①]，并带着赞同引用了瑞典社会主义党议员古斯塔夫·F. 斯蒂芬的话说，“即使胜利后，政治生活中仍将存在领导者和被领导者”。米歇尔斯是一位颇具洞见的政治思想家，他最后引用了赫尔岑的一句话作为总结：反对党获胜意味着“嫉妒转变为贪婪”。

普通公民表达幻灭的方式没有任何新意，就是根本不去投票，或只投给选票上排名靠前的候选人，或不参与初选、不听演讲、不读文件。事实上，他们还有许多可被指责的行为。我不会进一步指责他们，我对他们怀有同情，因为我相信他们被赋予了一项不可能完成的使命，被要求去实现一个无法实现的理想。尽管公共事务是我关注的领域，而且我也投入了大量的时间和精力，但我没有足够的时间去满足民主理论对我的期望，也就是去了解正在发生什么，并对自治社会面临的每一个问题给出有价值的观点。而我碰巧也从没遇到过任何人，无论是美国总统还是政治学教授，能够真正符合主权公民、全能公民的理想。

---

① 罗伯特·米歇尔斯（Robert Michels），《政党》（*Political Parties*），第 390 页。

第二章　无法实现的理想

我试想过如何造出完美的公民。有人说，那必须有正确的基因组合，在麦迪逊·格兰特、洛斯罗普·斯托达德以及其他一些复兴运动倡导者撰写的书中，我看到了一些关于谁应该与谁结合以孕育出伟大公民的处方。鉴于不是生物学家，我对此持开放态度且心怀期待，然而，这种培育人类智慧的确定性知识，总体而言与作者在科学领域的声誉很不相称。

从逻辑上看，教育成了我们接下来要考虑的问题，因为在过去 150 年里，每一本持乐观态度的民主著作的最后一章都提到了教育这个主题。即使罗伯特·米歇尔斯，一位坚定的宁折不弯的反感伤主义者，也在他的“最后思考”中写道，“社会教育的伟大使命是提升大众的智力水平，以便他们在可能的范围内或许有能力抵制所有集体行动中的寡头倾向”。

因此，我一直在阅读一些被学校用于公民教育的新版标准教科书。读了之后，我不明白怎么没有一本能逃脱这样的结论：受教育者必须有百科全书那么大的胃口和无限多的时间。当然，没人再指望他们记住县职员的确切薪水和验尸官的任期年限。在新的公民课程中，他们要研究的是治国理政的大问题，而不是结构性的细节。照我读过的其中一本500页的简明却充满争议的教科书看，教给他们的包括城市问题、国家问题、民族问题、国际问题、信托问题、劳工问题、交通问题、银行问题、农村问题、农业问题，简直无休无止。在讨论城市问题的11页中，还分述了12个子问题。

然而，对于一位未来的主权公民在安身立命、培养子女、享受生活的同时，如何保持对这些复杂问题的进展的关注，这本用心良苦的书却没有提供任何指引。他被教导要保护国家的自然资源，因为它们数量有限；他被建议要关注公共开支，因为纳税人不该为无限增长的开支买单。但是，他，这位选民，这位公民，这位主权在民的民，显然被期待付出无限多的公共精神、兴趣、热情和努力。这本教科书的作者几乎涉及了他所能想到的一切问题，从城市下水道到印度鸦片，唯独忽略了一个重要事实：这位公民只在公共事务上花很少的时间，对于探究事实只是偶尔感兴趣，对理论学说几乎没有兴致。

这位公民义务的教导者从未给学生提供一个准则，让他能据此判断星期四他应该关注布鲁克林地铁问题，还是满洲铁路问题；也没有告诉他，如果他决定星期四要在地铁问题上表达其至高无上的公民意愿，又该如何填补在这一问题上的知识空白，因为前一天他要忙于表达他对蒙大拿州农村信贷问题和英国在苏丹的权力问题上的主张。然而，他不可能总是无所不知，而当他专注于一件事时，其他数以千计的事正在发生巨变。除非他能够理性判断，作为外行，自己的时间精力最好投向哪里，否则他将像一只试图同时舔三根骨头的小狗一样无所适从。

我并不是说，引领学生巡视一下这个世界存在的问题对他没有好处。这可能会让他意识到世界是复杂的，即使这次冒险后，他会带着“满身细菌，一开口便充斥着教条、信仰和确信之类的东西”[1]。他也许会学到谦卑，但可以肯定的是，他对这位高尚的作者在 1925 年认定的美国问题的了解，不会有助于他把握十年后的美国问题。除非通过对瞬息万变的议题的研究，他获得了一种超越时代的智慧，否则便等于没有受过教育。

这就是为什么通常呼吁以教育来弥补民主的无能是如此的徒劳。实际上，有这么个建议，即学校教师应该在立法者和公民理想的鼓吹者们制定了详尽的规范后，用一些魔法手段来使公民学会管理社会。改革者并不关心人们能够学到什么。他们认为，人们应该被教授治理现代社会或许需要的一切知识。

通常对教育寄予的希望只会收获失望。因为现代社会的问题层出不穷，变化之快远超教师们的理解能力，更不用说有效地传授给众多学生了。如果学校只试图教孩子们如何解决当下的问题，他们将注定一直落在后面。他们最多可以尝试教授一种思考和感知世界的方法，这将有助于公民面对新

① 语出洛根・皮尔斯奥尔・史密斯。

问题时做出有效的应对。但是，为人师者无法创造出这样的方法。这是政治理论家的事。在这项任务中，千万不能假定公众是政治天才，他们即使有一定天赋，也只能在公共事务上投入很少的时间和精力。

我想恐怕道德家会非常赞同这个观点，即社会教育的首要任务不是寻找眼前具体问题的解决方法，而是找到适于解决所有问题的普遍性原则。我奉劝他放弃这种想法，治理现代社会仅凭良心是不够的，因为当问题的本质是为良心找寻方向时，良心本身无法指引方向。

当我试想单单通过教授道德、礼仪和爱国主义就可以使人们应对现代社会时，我回想起了黄昏时分在林中漫步的那位沉思的教授的寓言。他撞到了一棵树。这使他必须做点什么。作为一位有荣誉感、有教养的人，他脱下帽子，向那棵树深深鞠躬，并诚恳道歉："非常抱歉，先生，我以为你是一棵树。"

我想问，从道德角度来责备他的行为公平吗？如果他对上了一棵树，谁能说他没有与树碰撞的权利呢？如果他撞到了一个人，他的道歉难道还不够诚恳吗？这个故事中，教授的行为完美地遵循了道德准则，而对他行为的唯一质疑并不在于他的心善或坚守原则，而在于事实本身。你可能会反驳说，他有道德义务去懂得人和树的区别。也许是这样。但假设他不是在林中散步，而是在投票；假设他遇到的不是一棵树，而是《福德尼-麦坎伯关税法》①，你又怎能强求他有多大的义务去了解真相呢？毕竟，这位黄昏时分漫步于林中、满脑子想着其他事的教授，正如我们所有人一样，面对的是他想象中的情况，是在用他学到的东西应对。

在某种程度上，这个充满生机的世界似乎和这位沉思的教授一样缺乏经验。巴甫洛夫通过对狗的实验表明，一个有着假胃②的动物可以体验到进食的所有乐趣，而在实验室中被欺骗过的老鼠和猴子的数量，只有民主社会中充满期望的公民数量才能超过。正如心理学家所言，人的反应是有条件的。因此，他才会对玻璃蛋、诱饵鸭、稻草人或政治纲领

① Fordney-McCumber Tariff Act，1922 年美国开始实施，大幅提高进口关税以保护美国制造业和农业免受外国竞争的冲击。该法案引发国内外巨大争议，是 20 世纪美国贸易政策的一个重要里程碑，标志着美国逐步从自由贸易倾向转向保护主义。——译注

② 巴甫洛夫将一只狗的食道切断，将食管的口缝在狗脖子上，又在狗的胃里接了根瘘管，瘘管的另一头接在透明的橡皮管上。在一周没有喂食后，巴甫洛夫将一盆肉放到狗的面前，狗立即大吃起来，但肉其实根本进不到狗的胃，但几分钟后，橡皮管里还是充满了狗的胃液。这就是著名的“假饲实验”。——译注

做出相应的反应。没有道德准则能够帮助他得知他是否在真实的重大事件中正确地运用了自己的道德能力。正如苏格拉底早已指出的，有效的美德即知识，判断对错要待辨清真伪之后。

然而，即使成功实践了某种道德准则，也无法拯救民主，因为存在着太多的道德准则。在我们的日常生活中，在我们自己所处的社会范围内，可能存在着被广泛接受的多个标准。然而，一位政治理论家如果要求将某个局部标准普遍应用，那只是在逃避他本该努力解决的某个问题。因为尽管达成共同的判断标准可能是政治组织的目标之一，但是各种标准之间的冲突正是产生政治并有必要形成政治组织的条件之一。

达尔文讲述的猫与三叶草的故事①，或许可以推荐给那些坚持认为自己的善恶观具有普遍性的人。紫色的三叶草靠大黄蜂异花授粉，因此，大黄蜂越多，来年三叶草长势越好。然而，田鼠常常将大黄蜂的巢洗劫一空，因为它们喜欢

① 参见 J. 阿瑟·汤姆森（J. Arthur Thomson），《科学大纲》（*The Outline of Science*），第三卷，第 646 页。

吃白色的蜂卵，于是，田鼠越多，大黄蜂越少，三叶草长势越衰。但是，邻村的猫会捕食田鼠。所以，猫越多，田鼠越少，大黄蜂越多，三叶草长势越好。而村里慈祥的老奶奶越多，猫就会越多。

如果你恰好不是印度教教徒或素食主义者，而是一个喜欢吃牛肉的西方人，你会称赞那些养猫的老奶奶，她们的猫会消灭破坏蜂巢的田鼠，大黄蜂能让三叶草茁壮生长，牛就会有得吃。如果你是一只猫，你也会喜欢这些老奶奶。但如果你是一只田鼠，那么，宇宙中这一块的是非观就大不同了！那些养猫的老奶奶会和养老虎的巫婆一样可憎，“老奶奶祸害”将被“田鼠安全联盟大会”激烈讨论。对一只可能具有爱国精神的田鼠来说，根本无法想象，没有大黄蜂为田鼠提供好吃的蜂卵，世界将会怎样。那将是一个没有法律和秩序的世界；只有一只具有极高哲学修养的田鼠会认同柏格森[①]的观点，即“无序的概念为便于语言表达而客观化，思

① 柏格森（Henri Bergson, 1859—1941），法国哲学家，关注时间、生命和意识的本体，强调直觉和创造力，认为人们通过直觉而非理性来理解世界的本质和生命的力量，以超越语言和概念的限制。——译注

考者则因发现面前的有序与其想要的不同而失望”[①]。我们所认可的良好秩序只是符合我们的需求、愿望和习惯的秩序。

我们的期望并不是普遍的、永恒的或不可改变的。尽管我们常常为了修辞效果而宣称它们是的。但在具体情况下，要解释为什么我们的期望是天经地义的可不是易事。如果农民有能力购买的加工食品少于他们的日常所需，就会引发混乱和问题。然而，什么样的绝对标准可以确定1925年的1蒲式耳[②]小麦比起1913年的1蒲式耳小麦，应该换得更多、相等还是更少的加工品呢？谁能确定一个准则，据以判断农民或其他社会阶层的生活水平是提高了还是降低了，提高或降低的速度和程度又如何呢？在工资不变的情况下，如果工作岗位超过了工人数量，雇主就会抱怨出了问题，但谁能给出一个准则来确定合适的劳动力冗余量以及相应的劳动力价格呢？当出现劳动力过剩的情况时，关于适当的工作岗位冗余量以及薪资水平，也没有任何确定的标准可供参考。尽管问题非常严重，但没有原则确定有多少机械师、职员、

---

① 《创造进化论》(*Creative Evolution*) 第三章。

② 蒲式耳（bushel），容量单位，1蒲式耳约等于35.24升或8加仑。——译注

矿工、银行家或销售员社会是有责任为其提供工作机会的。

认为农民对制造商、雇主对雇员、债权人对债务人——或者反过来——有某种特殊的天经地义，这需要极度的党派偏见和自我欺骗。这些利益冲突是问题，需要予以解决。然而并没有现成的道德模式可为解决问题提供确切方案。

如果优生学无法培育出理想的民主公民、全能公民和主权公民，因为它既不知道如何培育政治优才，也不知道优才的具体标准；如果教育不能培养公民，因为学校教师无法预见未来的问题；如果道德不能指引公民，首先，因为具体情况下的对与错取决于对真与假的认知，其次，基于普遍道德准则的假设实际上并不存在，那么我们还能去哪里寻找培养合格公民的方法呢？19世纪的民主理论家们提供了一些其他的建议，至今仍影响着许多怀有希望的人。

有个学派将“治疗民主弊端的良方是更多的民主”作为改革的座右铭。他们假定只要能够获得真实的公众意愿，它们必定是明智的和善良的。他们提议扩大选举权，并通过倡议、公民投票和罢免、直接选举美国参议员、直接初选、司法选举等方式尽可能增加投票参与度。他们回避了问题，因为他们假定的那种公众意愿从未被证明是存在的。自 1896 年布赖恩的选战[①]以来，这个思想学派便攻陷了美国的大部分州，并对联邦政府产生了深远的影响。1896 年以来，合格的选票增加了 2 倍，选民的直接行动有了极大的扩展。然而，同一时期，大选的选民投票率由 1896 年的 80.75% 锐减到 1920 年的 52.36%。显然，这个学派的第一个假设存在谬误，即"全体人民"都热切地渴望参政，而且也没有任何证据表明那些参与者对政治事务有任何实质性的帮助。政党机器总是能在每一次攻击中幸存下来。为什么不能呢？如果选民因为没有时间、没有兴趣或相关知识来把握当时诸多问题的细节，就不会有高明的见解，因为他经常会被要求表达个人观点。他只会更加迷惑，更加倦怠，更容易随大流。

另一个自称具有革命性的学派将民主的幻灭归因于资本主义制度。他们主张，财产即权力，认为只有经济权的分布与选举权一样广泛，选举才会更加有效。我相信，没有哪个认真的学生会质疑这个社会主义的前提，即断言个人的社会

① 布赖恩（William Jennings Bryan），1896 年美国大选民主党候选人，极富激情，能言善辩，主张金本位，有著名的"黄金十字架"演说。在当年的竞选中他热情鼓励选民参与投票，但最终败给了共和党候选人威廉·麦金莱（William Mckinley）。——译注

影响力更多与其财产性质相关，而不是与其抽象的法定公民身份相关。但是，社会主义关于经济权可以通过将大型公用事业的所有权集中于国家手中进行分配，以及通过投票和公决在工业生活中的渗透将催生出合格的大众决策的结论，在我看来，再次忽略了这个问题。有什么理由让我们相信，通过投票来决定如此多的事务，能够揭示迄今从未被发现过的公民智慧、技术能力和潜在兴趣呢？社会主义方案在根本上存在着民主的神秘谬误，即认为所有的人都有能力治理国家；更不可思议的是沉迷于某种顺势疗法式的谬误，认为给不会且无力承担现有职责的人民增加新任务，会使公民义务易于承担。社会主义理论假设了一个永无止境、不知疲倦的公民职责的怪圈，使本已十分复杂的各种政治利益成了一团乱麻。

优生、教育、道德、平民主义和社会主义这些各式各样的补救措施，都假设选民要么与生俱来具备处理公共事务的能力，要么正朝着这个理想不断前进。我认为，这个理想是虚幻的。我指的并不是一个不符合期待的理想，而是一个无法实现的理想，如同一个胖人想成为芭蕾舞演员。一个理想所表达的应该是可以实现的目标，否则它将歪曲真正的可能性。在我看来，全能的主权公民的理想就是这样一个虚幻的理想，无法实现。追求这样的理想是引人入歧途，而未能实现它导致了如今的幻灭。

个体公民并非对所有公共事务都有主张。他不知道如何处理这些事务，不清楚正在发生什么、为什么会发生，以及将要发生什么。我也无法想象他怎么可能知道这一切，没有任何理由能够支持那些神秘的民主主义者的观点，即无知个体的集合体能对公共事务产生持续的引导力量。

第三章　代理人与旁观者

一

当一位公民获得选民资格后，他发现自己成了一个进行中的伟大事业理论上的重要决策者之一。他并没有参与制造那个有着50万联邦政府职员和不计其数的地方行政官员的复杂机器，他对其知之甚少。他受各种合同、债务、条约和在他意识到之前就已经制定的法律的约束。他并没有日夜为政治事务上谁应该做什么操劳，只是偶尔注意到其中的一些片断。然而，当他站在投票站前的那一刻，他成了一名具有高度智慧和公共精神的选民，能够洞悉两个政党中哪一个更适合执政，并把自己的票投给那个他听得懂在承诺些什么的政党。

实际上，国家治理是由专职人员负责完成的，他们要对大量具体问题进行安排。这些对于普通公民来说几乎是无法触及的。在漫长的选举间隔期内，治理由政治家、公职人员以及有影响力人士来承担，他们会与其他政治家、公职人员和有影响力的人达成一些共识。公众只是偶尔了解、评判或影响这些共识。它们数量太大，过于庞杂且晦涩难懂，无法被公众舆论持续关注。

确切地说，那些负责处理日常政务的人也并不直接对广大选民负责。除一些备受瞩目的事件外，他们只对其他政治家、公职人员和有影响力人士直接感兴趣的特定事件负责。现代社会作为一个整体如何持续运行，并不能被所有人完全理解和把握。其中一部分某个群体能看懂，其中一系列行为能为这个群体理解，其他部分则会吸引那个群体。

即使是这种程度的负责任的理解，也只有通过发展范围广泛且复杂的事实调查机构才能实现。① 这些机构只能为广大公众提供遥远且偶然的帮助。它们的调查结果对于漫不

---

① 参见本人所写的《公众舆论》(*Public Opinion*)，第二十五章和第二十六章。

经心的读者来说过于复杂，而且也几乎总是太过无趣。事实上，如今对专家和专业统计结果普遍存在着厌倦和轻蔑的情绪。如果不是政府部门、企业、工会和行业协会因内部行政管理的需要以及其他企业集团的强制要求，不得不记录、评估、公开自己的行为并对其负责的话，那么管理现代事务的信息机构可能会被完全忽视。

在大社会中，不仅需要信息公开，而且需要持续不断地公开，这是毋庸置疑的。然而，如果我们认为这是为了向每位选民提供信息，那我们就真是大大误解了。我们仅仅处于信息公开的初级阶段，而事实远超我们的好奇心范围。以铁路部门的会计核算为例，我们会阅读那些结果吗？几乎不会。只有少数分散于各处的主管、银行家、监管官员、货运代表等才会阅读。我们这些不相干的人对这些信息视而不见且理由充分，因为我们还有很多其他事要做。

因为，一个人没法读完所有寄到他家门口的报告，或报纸上的所有电讯。即使无线电的发展能让每个人都看到和听到发生在世界各地的一切，换言之，如果信息公开已成板上钉钉，他又能花、会花多少时间去了解"偿债基金委员会"

或“地质勘探局”呢？他很可能会换个频道收听威尔士亲王的消息，或者失望地关掉收音机，寻求没有干扰的宁静。今天已经够糟的了——被头晚出的晨报、今早出的晚报、九月出的十月刊，以及电影、广播等一大堆杂七杂八的消息轮番轰炸，脑子里被迫装进叽里哇啦的演讲、辩论和不相干的事。供公众舆论所用的一般信息对于知识分子来说太笼统了。生命太过短暂，无法追求无所不知，如同不可能数清所有树上的所有叶子。

二

如果所有的人都必须时刻思虑国家大事，那么世界上的其他工作显然就无法进行下去了。人们并不会试图考虑整个社会。农民考虑的是种小麦还是种玉米；机械师考虑的是接受宾夕法尼亚工厂还是伊利工厂提供的工作；是买一部福特汽车还是买一架钢琴；如果买福特汽车，是从埃尔姆街上的车库买，还是从寄来广告的经销商那里买。做这些决策时他的选择很有限，他不能从世界上的所有工作中选一份，就像他不能考虑娶世界上任何女人一样。这些琐碎的选择在不断积累中构成了社会治理。它们可能基于无知或明智的观点，但无论是偶然产生的还是经过科学指导的，它们都是具体而明确的，最多只有几个选项，并会带来明确可见的结果。

但是，人们被期望对社会的总体运行也有所见解。那位机械师不仅被期望从宾夕法尼亚或伊利的工作中做出选择，还被期望从国家利益出发决定如何管理全国所有的铁路。这两种观点不知不觉地融合在一起，人们有着影响其个人决策的一般观念，他们的直接经验也会潜移默化地支配他们的一般观念。然而，区分这两种观点——具体的和直接的，普遍的和间接的——是有用的。

具体的观点会引发直接的行动：接受一份工作，完成一项任务的某个部分，雇用或解雇，买或卖，留下或离开，接受或拒绝，指挥或服从。普遍的观点会带来授予的、间接的、象征性的、含糊的结果：投票、决议、赞同或反对、旁观、传播、附和、满意或不满意。具体的观点或可让人在个人权力范围内做出决策并付诸行动，即遵循法律和习俗，依据个人能力和愿望为之。然而，普遍的观点只能导致某种形式的表达，如投票，除非与大量其他人的普遍观点合作，否则不会导致具体行动。

因为大量人的普遍观点往往是模糊而混乱的，便需要对其进行整理、引导、压缩、均衡，才能采取行动。从大量的普遍愿望中产生一个普遍意愿，并不像许多社会哲学家想象的那样是黑格尔式的神秘主义，而是一门为领导者、政治家和指导委员会谙熟的艺术。[①] 这门艺术主要通过使用符号，将情感与相应的观念分开再进行组合。由于感觉不如想法具体，却较之更强烈，领导者能够从一大堆不同的欲望中统合出一个一致的意愿。因此，将普遍的观点协调一致的过程是情感的加强和重要性的减弱。在众多的普遍观点最终转化为行政措施之前，选择范围被缩小到为数不多的选项中。哪个选项会胜出，不是由大众决定的，而是由掌控其能量的个体决定的。

一个个人观点可能相当复杂，并可能导致一系列相当复杂的行动和一整套附带观点，例如一个人决定造一座房子，然后就如何建造做了一百种判断。然而，公众舆论并没有这种直接的责任或连续的结果。在政治上，它导致的结果是一

① 参见本人所写的《公众舆论》，第十三章和第十四章。

张纸上做个铅笔记号，然后是等待和观察，看看一年或两年后，这个记号是出现在同一栏，还是在相邻一栏。决定做这个记号或许出于多种原因 a^1，a^2，a^3……a^n，其结果只能是A，无论投票的是愚人还是智者，都是如此。

对于广大人民而言，尽管他们每个可能或多或少持有不同看法，但他们行动时必须趋于一致。人的集合越复杂，一致性就必然越模糊，共同的观念也越简单。

三

上个世纪，在英语国家中，个体行为与群体行为的对比被大为强调，但同时也被严重误解。例如，麦考利在谈及《1832 年改革法案》时，对私有企业和公共行为进行了传统的区分：

“在仰赖个体智慧、知识、勤奋和活力的所有那些事情上，美国在古代和现代世界的所有国家中独占鳌头。然而，在那些由国家指导的事情上，美国就没有这样的优越感了……我们工厂中的每个环节表现出的漂亮、完备、迅速、精确，与我们惩罚违法行为、维护权利的机构的笨拙、粗糙、迟缓、不确定，难道还有比这更强烈的对比吗？……两者相较，我们清楚地看到13世纪的野蛮与19世纪的高度文明并存，野蛮属于政府，文明属于人民。”①

当然，麦考利思考的工厂生产与政府管理之间的对比，同样存在于维多利亚女王的叔父们统治下的英国，体现在工业化快速发展与爱好饮宴、喜欢骑马的乡绅阶层统治之间。但是，普鲁士的官僚统治充分证明了政府行动与个体行动之间并不存在必然的对比。对比存在于大众行动和不依赖于大众的行动之间。

根本的对比不是在公共事业与私有企业之间，也不是在“群体”心理与坚持己见之间，而是在做具体事的人与试图掌控整体结果的人之间。人类社会的运转有赖于人的行政能力，通过无数具体行为来实现，如耕耘、种植和收获，建造和摧毁，将这个与那个相匹配，从这里到那里，将A转化为B，将B从X移到Y。做这些具体事务的个人之间的

① “关于1832年改革法案的演说”（Speech on the Reform Bill of 1832），《泰晤士报》（*Times*），伦敦，1923年7月12日。

关系，通过一种最复杂的交换、契约、习俗和隐含承诺的机制来平衡。当人们做自己的工作时，必须学会理解这些工作所涉及义务的过程和实质，以便完成工作。然而，当通过投票或表达意见的方式来管理其他人的工作时，他们只能对结果予以奖惩，表达接受或拒绝。他们可以对已经完成的工作表示肯定或否定，对某项提议赞成或反对，但是他们无法创造、管理和实施他们设想的行为。发表公众意见的人可能偶尔能界定人们的行为，但他们的意见并不能执行这些行为。

四

就行政行为这一领域而言，我们每一个普通公众总是处于外围。公众舆论在本质上总是，甚至可以说永远是，试图从外部影响他人的行动。如果我们能够领会到这个结论的重要性，我想我们应该会找到一种正确认识公众舆论在民主过程中所扮演角色的方式；我们将知道如何解释民主的幻灭，并将开始看到一个公众舆论理想的轮廓，它与民主教条中所接受的那种理想不同，是可以真正实现的。

第四章　公众能做什么

一

我并不是说，除了本书所揭示的可实现的公众舆论理想之外，就没有其他可实现的理想了。有人的目标可能是用迷人的幻想来丰富人们的心灵，用精神来激活自然和社会，在空中立起一座奥林匹斯山，在世界的尽头造一个亚特兰蒂斯。然后，有人可能会声称，只要这些理想美好且能够带来和平，它们在社会事务治理中如何或能否实现并不重要。

乌托邦和涅槃境，根据定义，有它们本身的充分理由，也许为了思考它们而放弃控制事件行动的苍白尝试是值得的。然而，放弃是一种奢侈，不是所有人都能任性而为。人们会以某种方式寻求控制他人的行为，即使不是通过积极的法律手段，至少也会通过说服。当人们以这种姿态面对公共事务时，他们就成了公众，正如我在此定义的；他们对他人应该如何行事的观点就是公众舆论。越清楚地了解公众能做什么和不能做什么，公众就越能有效地发挥作用，越少地干预人们的自由，并履行好自己的职责。

公众舆论的角色是由它处于事件外围这一事实决定的。公众舆论影响着某一观点，但其本身并不控制行政行为。公众舆论通过投票、赞扬或指责、追随或抵制等方式进行表达。然而，这些表达本身什么都不是。只有在它们影响到了事务进程时才有意义。而且，只有在影响到事务执行者时才起作用。我相信，正是在公众舆论与公共事务之间这种次要的、间接的关系中，我们会找到公众舆论的局限和潜在可能性的线索。

二

有人可能会立即反驳说，选举让一帮人下台，让另一帮人上台，这是一种既非次要也非间接的公众舆论的表达。但选举究竟是什么呢？我们称其为一种民意的表达。但的确如此吗？我们走进一个投票站，在一张纸上，从两个、三个或四个名字中选择一个做标记。这样就表达了我们对美国公共政策的看法了吗？想必我们对此有许多想法，有许多“但是”“如果”“或者”。显然，在纸上简单地标记一个名字并不能它们将它们表达出来。我们的想法要花数小时表达，将选举称为对我们思想的表达只是一个空洞的幻想。

一张选票是对一个支持的承诺。它是一种表达方式：我支持这个人，我站在这一边。我加入他们。我愿意跟随。我会购买。我要抵制。我会罢工。我鼓掌欢呼。我会嘲笑。我能出的力放在这里，而不是那里。

公众不挑选候选人，不撰写纲领或制定政策，一如他们不造汽车、不演戏。公众支持或反对某个向他做出承诺、创作戏剧、售卖汽车的人。一个群体从群体角度采取的行动，就是动员其所拥有的力量。

有人企图把某些内在的道德与智识上的美德归于多数裁定原则。19 世纪，人们常说多数人之中蕴含着深刻的智慧，那是上帝的声音。有时这种恭维是真诚的神秘主义，有时则是伴着权力的理想化的自欺欺人。本质上，它不过是君权神授的一种新面目。然而，把美德与智慧寄托于任意人群中的 51%，这其中固有的荒谬性一直是显而易见的。由于认识到了这种荒谬，人们建立起了一整套少数群体的公民权利准则，并精心设计出各种资助艺术、科学和其他人类利益的方式，使它们能够独立于多数裁定原则而存在。

在政治领域中，多数裁定原则的正当性并非源于其道德优势，而是纯粹出于为文明社会中多数人的力量找到容身之地的必要性。我将投票称为一种入伍行为、一种支持或反对的结盟、一种动员。这些都是军事隐喻，我认为这种说法是对的，因为无论是历史上还是现实中，基于多数裁定原则的选举实质上是内战的一种升华和变体，是没有现实暴力的书面动员。

在那些没有过分理想化多数裁定原则的时刻，宪政民主派承认，一张选票就是文明社会的一颗子弹。萧伯纳曾说："法国大革命推翻了一系列旧有的统治者，代之以不同的观点。这正是英格兰人民在每七年一次的大选中有机会做到的事情。因此，可以说革命在英国是一种国家制度，一个英国人倡导革命无需道歉。”① 当然，人民选择通过斗争还是投票，会带来巨大差异，然而，如果我们认识到选举是战斗的一种替代方案，我们将会更好地理解选举的本质。德怀特·莫罗在为莫尔斯教授的著作撰写序言时写道：“17 世纪和 18 世纪在英格兰出现了一种程序，随后这种程序从英格兰传播到了世界上几乎每一个文明国家，通过这种程序，党派政治在很大程度上取代了革命。”② 汉斯·德尔布吕克在他的著作中简明阐述了多数原则，他说这是“一个纯粹的实用性原则，如果要避免内战，就应该让那些在任何斗争中都能占上风的人来统治，而他们就是多数派”③。

但是，选举本质上是升华的战争，我们必须注意不要忽视这种升华的重要性。曾经有一些学究气的理论家希望取消所有不能服兵役者的选举权，而妇女选举权也一直被指责为歪曲了选举的价值，因为它无法揭示社会上军事力量的联合

① 《革命者手册》（*The Revolutionist's Handbook*）序言，第 179 页。(1911 年，英国进行了议会改革并颁布《1911 年议会法案》，规定每届议会期限从过去的 7 年缩短为 5 年。该规定延续至今。——译者)

② 《政党及政党领袖》（*Parties and Party Leaders*），第 xvi 页。

③ H. 德尔布吕克（H. Delbrück），《政府与人民意志》（*Government and the Will of the People*），第 15 页。由罗伊·S. 麦克埃尔维（Roy S. MacElwee）翻译。

情况。对于这样的理论，我们完全可以不予理睬。因为，尽管选举制度在历史上起源于武力的联合，但它已经演变为各种力量的联合。而今它仍然是一种联合，尽管在当代民主制度下，它已经丧失了绝大部分与武力冲突有关的原始结盟特征。在南方地区，这种特征仍然存在，黑人人口被强制剥夺了选举权，无法在选举中发挥影响力；而在一些政治不稳定的拉美共和国，每次选举在某种程度上仍具有武装革命的色彩。事实上，美国已经正式承认了这个事实，宣称在中美洲国家，选举取代革命是政治进步的一种尝试。

我不希望过多地强调这个论点，只需阐明一个理论，即公众的行为并非旨在表达意见，而是为了支持或反对特定提议而联合起来。如果我们接受这个理论，就必须放弃民主治理能够直接表达人民意愿的观念。我们必须放弃人民统治的观念。相反，我们应该采纳这样一种理论，即人们通过偶尔的多数动员，支持或反对实际执政的个体。我们必须承认，民意并非不断地指引，而是偶尔介入。

第五章　专制的制衡

一

如果这就是公众行动的本质，那么可以制定怎样一种符合它的理想呢？

我认为，我们有义务以最简单的术语来表述这个理想，不是把它当作可能在某些特殊群体内偶尔实现或在遥远的未来实现的理想，而是当作一个通常可以被教导和实现的目标。在预估公众所能承受的负担时，一种健全的政治理论必须坚持最大的安全因数。它必须淡化公众的行动能力。

我们得出的结论是，公众的行动主要是通过群体联合所能行使的力量偶尔介入公共事务。我们还必须假设公众不会知晓局内人对事件的了解，也不会知晓局内人对事件的看法。因此，公众无法理解意图，评估确切情况，深入了解行动者的思维方式或论据细节。他们只能观察粗略的迹象，以确定自己的立场。

我们必须假设公众不会在危机显而易见之前预见问题，也不会在危机过去之后持续关注。他们不会了解事件的前因，不会目睹事件的发展过程，不会深入思考或主动制订计划，因此无法预知执行计划可能产生的后果。作为民主政治的一个理论前提，我们必须假设普通公众通常不会获得足够的信息、不会持续感兴趣、并非没有党派观念、没有创造力和执行力。我们还必须假设公众在感兴趣的问题上不会给出专业性见解，他们的兴趣不持久，只能识别明显的差异，很难被激发并很容易转移注意力。由于公众行动依循个人立场，因此会将其思考的问题个人化，并且只对已被渲染成冲突的事件感兴趣。

公众将在戏剧进行到第三幕时抵达，在落幕前离场，只待到也许足够认清谁是英雄谁是反派。然而，通常这样的判断不需要什么天赋，只要看看表演，了解一点剧情，并掌握粗略的信息即可。

因此，我们不能将公众舆论视为一种稳定的或富有创造力的力量，能够引领社会朝着预定的目标发展，无论朝向社会主义还是远离社会主义，朝向民族主义、帝国主义、国际联盟或任何其他学说性的目标。由于人们对他们的共同目标存在分歧，正是缺乏共识造成了一些引发公众关注的问题。因此，这么说实在是徒劳，即所谓尽管人们显然有着相互冲突的目的，人类却有某个包罗万象的目的，而你我恰好是其授权的代言人。如果我们的结论是公众拥有救世主般的力量，那么我们就进入了一个走不出的怪圈。

二

即使没有公众舆论有意识地引导，这个世界的工作仍会继续。问题会在某些时刻出现，只有当问题引发了危机，公众舆论才会关注。而应对危机时，公众舆论的目标是帮助缓解危机。

我认为这是个必然的结论。尽管我们可能更乐于相信公众行动的目标应该充满正义或宣扬真善美，但在现实面前这种信念无法自圆其说。在大多数危机中，公众并不清楚真理和正义究竟是什么，对于美好和善良无法形成共识，面对邪恶也无法自发地采取行动。只有当正常的生活秩序被邪恶打破时，公众才如梦方醒。最终，危机消失，并不是如我们碰巧定义的那样正义得以伸张，而是某种应对危机的可行性方案奏效了。如果这一切不是公众舆论的必要方式，如果它必须认认真真地在它触及的每一个问题上争取正义，那么公众将不得不每时每刻都在处理所有的状况。这是不可能的。也是不可取的。如果正义、真理、善良、美好靠的是公众舆论间歇性地粗略地干预一下，那么在这个世界上实现它们是没什么指望的。

因此，我们剥离了公众舆论的所有隐含义务，包括处理问题的实质、做出技术性的决策、试图伸张正义或者强加道德戒律。反倒是认为，理想的公众舆论是在某个问题的危机中把人联合起来，以此支持那些或许能化解危机的个体的行动。拥有辨识出这些个体的能力是教导公众舆论的最终目的。旨在促进公众行动的研究，其目的是发现识别出这些个体的明显线索。

当这些线索通过一些粗糙、简单、客观的测试揭示出争论中的哪一方在支持可行的社会规则，哪一方在攻击不可行的社会规则，或者哪一方提出了有前景的新规则时，它们就是有价值的。循着这些线索，公众可以知晓自己去哪里结盟。我们要记住，在这种结盟中，公众不会对内在优点做出评判。公众只是依据客观线索将其力量交给似乎代表着按照明确的行为规则处理问题的一方使用，并反对似乎代表着按照自己难以解释的意愿处理问题的另一方。

在这一理论中，公众舆论被视为一种力量储备，在公共事务危机中被激发出来付诸行动。尽管它自身是一种非理性的力量，但在有利的制度、健全的领导和适当的培训下，公众舆论的力量可能会交给那些支持捍卫良法、反对野蛮主张的人。在这一理论中，公众舆论并不参与制定法律。但通过遏制目无法纪的权力，它可能会为制定法律创造条件。它并不参与推理、调查、创新、说服、协商或解决争议，但通过制衡有攻击性的一方，它可以彰显智慧。公众舆论的最高理想是保卫那些准备按他们的理由采取行动的人，对抗那些仅仅坚持自己意愿的人的干扰力量。

需要指出的是，公众舆论的行动在最好情况下也不会是一种代表理性的持续斗争力量。无论权力多么不受限制、不负责任，只要没有引发危机，公众舆论就不会去挑战它。必须有人先发起挑战。公众只能去帮这个人的忙。

三

这，我认为，已经是公众舆论能够有效发挥作用的极限了。对于问题的实质性解决，它通常无能为力，或表现得无知而专横。事实上，这种干涉完全没有必要。实质性的问题必须交由那些直接参与公共事务的人去处理，而不是交给只能通过表扬、批评或在白纸上做标记的非相关人员去采取行动，如果他们已经帮助他人维护了自己的利益，那么他们已经做了自己所能做的一切，他们已经做得够多了。

因为当公众舆论试图直接参与治理时，要么失败，要么导致暴政。它不能理智地把握问题，也不能处理问题，除了全面施压之外别无他法。民主理论并没有认识到这一事实，因为它将政府的运作与人民的意愿等同了起来。这是一种幻想。制定法律并通过数十万公职人员进行行政管理的复杂事务，与选民的行动无关，也不是他们意愿的体现。

尽管政府的行为并非公众意愿的简单体现，但政府的主要职能是以更具体、更细致、更可持续的方式来完成公众舆论只能粗略、大体、间歇性完成的工作。它强制执行社会的一些运行规则并对其进行解释。它探查并惩处特定类型的侵害行为。它主持制定新规则。它掌握着有组织的力量，以对付不按常理的行为。

和公众舆论一样，政府治理过程中也会偏离正轨。当政府试图强制施行其官员的意志，而不是进行干预，以便通过直接利益相关方的共识进行稳定的调整时，它就变得独断、愚蠢、专横，甚至具有掠夺性。公职人员虽然比报纸的读者更能理解问题，也更有能力采取行动，但从根本上讲，他们仍然处于事件的外围，因此他的最合适之举就是为直接负责的人提供间接的支持。

因此，与其将政府描绘为人民意愿的代言人，不如说它由一群被选举或被任命的公务人员组成，他们专业地处理那些时不时引发公众舆论关注的问题。当直接负责的各方无法解决这些问题时，公务人员介入。当公务人员的干预失败时，公众舆论就可以发挥作用了。

四

这，正是我们提出的公众行动的理想模式。那些恰好成为公众的人，应该在任何问题上尽力创造一种平衡，以促使各方直接通过协商达成共识并解决问题。推动世界事务的重任，包括发明，创造，执行，尝试维护正义，制定法律和道德准则，处理事务和解决实质性问题，这些重任都不应由公众舆论或政府来承担，而应由那些负有责任的事务代理人来承担。理想的状况是，当问题产生时，由特定的利益相关者来解决。从长远看，公务人员或列车上只阅读报纸标题的通勤者提出的方案无法比相关各方通过协商达成共识的方案更好。通常或从长远看，没有任何道德准则或政治理论可以从公众舆论的高度强加于人，其效果也不会像在解除专断权的情况下达成的直接共识那样好。

公众舆论的作用在于在危机中制衡专制，这样，被迫达成协议的人们就可以彼此包容，和平共存。

第二部分

第六章　亚里士多德之问

这些结论与被广泛接受的民治理论大相径庭。这种理论建立在公众指引公共事务发展这一信念上，而我认为，这样的公众只是一个幻影，一个抽象的概念。关心铁路罢工的公众可能是铁路运输所服务的那些农民；而关心农产品关税的公众可能包括刚刚参加罢工的铁路工人。在我看来，公众并不是一个固定的个体集合，他们只是那些对某件事感兴趣，并且只能通过支持或反对相关行动者对这件事施加影响的人。

不能指望这些随机形成的公众去处理争议的实质，但他们可以合情合理地保证，只要有易于识别、让他们可循的相关线索，他们就会给予支持。真有这样的线索吗？它们能被发现吗？它们可以被清晰阐述以便学习和使用吗？本书第二部分的各章节将尝试回答这些问题。

这些线索必须具有这样的特征，即可以在不深入了解问题实质的情况下被识别出来。然而，它们必须与问题的解决有关。它们必须能告诉公众在哪里他们可以最好地保持一致，以促进问题的解决。简言之，它们必须成为合理行动的指南，供不知情的人们使用。

环境是复杂的，而人的政治能力是单一的，能否在二者之间架设一座桥梁呢？这个问题，自亚里士多德在其《政治学》(*Politics*) 第七卷中首次提出以来，就一直困扰着政治学。亚里士多德回答说，社会必须保持简单和小规模，以适应其公民的能力。我们生活在大社会中的当代人无法遵从他的建议。正统民主主义者回答亚里士多德的问题时，假设公众舆论拥有无穷的政治能力。一个世纪的实践迫使我们否定了这种假设。那么，对我们而言，这个古老的问题依然没有答案；我们既不能像亚里士多德那样拒斥“大社会”，也不能像民主主义者那样夸大公众的政治能力。我们不禁要问，人是否有可能找到一种方法，以非常简单的手段对高度复杂的事务采取有效的行动。

我斗胆认为，这个问题或许有解，通过阐明一些原则，可以在复杂的环境与人类的有限能力之间成功地架设桥梁。不言而喻，我在这里提出的并不是这些原则的最终陈述。最多不过是一个线索，附带一些说明，可以通过研究不断完善。但是鉴于这个问题一直以来面临的各种困难，即便这么多的保证在我看来也是鲁莽的，因此，我借用笛卡儿的话作为补充："毕竟，我可能是错的；我当成黄金和钻石的不过是一点铜和玻璃。"①

①《方法论》(*Discourse on Method*)，第一部分。

第七章　问题的本质

一

本着笛卡儿的精神，让我们首先假设你的全部经验仅限于对世界的一瞥。我猜，在你眼中，没有更好或更坏、善人或恶人、爱国者或投机者、保守派或激进派。你将是一个完美的中立者。基于此，你永远不会想到山峰比波峰持续的时间更久，人可以四处走动而树木不能，演说家的呐喊比尼亚加拉大瀑布的轰鸣声消失得更快。

延展你的经验，你就会开始注意到事物恒定性的差别，或许，你会意识到昼夜更替，但尚未感知季节的变迁，你会感觉到物体在空间中的移动，但对岁月流转知之甚少。如果你就这样形成了自己的社会哲学观，你几乎肯定会得出结论，即你所看到的人们在做的事是注定的，你当时所看到的他们的性格也会永远如此。由此产生的论述在当代任何有关国家、种族、阶级或性别的专题文集中都不会被忽视吗？

但是，随着你的经验不断拓展，你注意到的可变性就越多，直到最后你可能会像赫拉克利特那样感慨“一切皆流，无物永驻”。当星辰和岩石都被视为有历史可循时，人类及其制度、风俗、习惯、理想、理论和政策似乎只是相对持久的。你不可避免地得出这样的结论：乍一看恒定的事物，看得久了，就会发现只不过比别的事物变化得慢些。

有了足够的经验，你必然会认识到影响人类生活的各种要素，包括人们自身的性格，都在发生着变化，然而它们的变化速度并不相同。事物以不同的速度成长、成熟、衰老、损耗，最终消亡。一个人，他的同伴、他的工具、他的准则、他的信条、他的需求、他的满足手段，都在人生的不同阶段发生着变化。事物的变化节奏也不一致，有的快，有的慢，有的不请自来，有的千呼万唤。而各种分类总在变化中。

与 19 世纪所认为的那个宏大的进化和进步系统不同，

似乎存在着无数个进化系统，它们相互作用、相互影响，有些彼此相连，有些彼此抵触，但每个系统在某些基本方面都以自己独特的步调和方式前进。

这种不协调的不均衡进化导致了人类面临的问题。

二

假设一个人对 19 世纪的历史一无所知，当面对 1800 年至 1918 年的《美国统计摘要》时，他会注意到，世界人口增长了 2.5 倍，总贸易增长了 42 倍，航运吨位超了 7 倍，铁路里程增长了 3664 倍，电报量增长了 317 倍，棉花产量增长了 17 倍，煤炭产量增长了 113 倍，生铁产量增长了 77 倍。他会怀疑在一个变化如此不均衡的世纪里人们曾面临许多革命性的社会问题吗？

他难道不能仅从这些数字就推断出人口的大规模流动，人们的职业、劳动性质、需求、生活方式和抱负都发生了巨大变化吗？他难道不会合理推断出 1800 年存在的政治体系必定随着这些新的关系发生了巨大的改变，适合 1800 年稳定下来的、小型的、或多或少自给自足的社会的习俗、礼仪和道德规范受到新的挑战，可能已经被彻底改变了吗？当他想象这些数据背后的现实时，他难道不会推断出，当人们经历这些冰冷的数字所概括的变化时，他们与他们旧有的习俗和理想发生了冲突，养成新习惯和调整的过程必定经历了反复试错，并伴着对物质进步的希冀、灵魂的诸多不安与困惑吗？

三

为了更具体地说明问题的本质，我们以人口问题为例，从最简单的假设着手考察。当马尔萨斯首次提出这一问题时，他假设两个因素以不同的速率演进。他认为，人口每 25 年翻一番；土地产量在同一时间内可以增加“相当于目前产量”的数量。[①] 他写作的时间大约是 1800 年，他估计当时英格兰的人口有约 700 万，粮食供应可以满足这些人口

① T. R. 马尔萨斯（T. R. Malthus），《人口论》(*An Essay on the Principle of Population*)，第二章。

的需求。因此在 1800 年时是没有问题的。到了 1825 年，按照他对人口增长率的估计，数字将翻一番，而粮食产量也会翻一番。仍是不会有人口问题。然而，到了 1850 年，人口将达到 2800 万，而粮食供应的增长只能满足增加 700 万人口的需求。人口过剩问题，或者说粮食短缺问题，就会出现。尽管在 1800 年和 1825 年，每个人可获得的粮食数量是相等的，但到了 1850 年，由于人口和粮食的增长率不一致，每个人只能得到从前四分之三的粮食。而这种变化关系，马尔萨斯正确地指出是个问题。

假如，现在我们假设 1850 年时的人们学会了少吃，并觉得四分之三的口粮更合适，从而使马尔萨斯的论点略微复杂一点。那么 1850 年时也仍然没问题，因为粮食和人口这两个变量的调整会是令人满意的。或者相反，假设 1800 年后不久，人们开始要求更高的生活水平，并期待获得更多的食物，尽管并没有生产出必要的额外粮食。这些新的需求将引发一个问题。或者假设，就像实际情况那样[①]，粮食供应

① A. M. 卡尔-桑德斯（A. M. Carr-Saunders），《人口问题》（*The Population Problem*），第 28 页。

的增长速度超过了马尔萨斯的假设，尽管人口的增长没有。那么人口问题不会在他预期的日期出现。或者假设，人口的增长因节育而减少。这个问题，正如马尔萨斯首先指出的那样，并不会出现。[①] 或者假设，粮食供应的增长速度超过了人口的消费速度。那就不是人口问题，而是农产品过剩了。

在一个绝对静态的社会中，不会有问题产生。问题是变化所致。但变化不是孤立的。变化不易觉察，除非我们用与其变化速度不同的东西作参照。如果宇宙中的万物都以每分钟一英里的速度膨胀，或者以相同的速度收缩，我们将永远觉察不到变化。我们只能说，在上帝眼中，我们可能忽而变得像蚊子一样小，忽而变得像大象一样大。如果蚊子、大象、椅子、行星都和我们保持同比例变化，我们是无法感知这些变化的。变化只在与其他事物比较时才有意义。

构成问题的变化是两个因变量之间关系的改变。[②] 因此，汽车在城市里是问题，并不是因为汽车数量太多，而是因为相对于道路宽度和合格驾驶员的数量来说太多了，因为狭窄

---

① 马尔萨斯本人在他著作的后一版中意识到了这一点。

② 参见 W. F. 奥格本（W. F. Ogburn）《社会变革》（*Social Change*）相关内容，特别是第四章第一节关于“文化滞后的假说”（“The Hypothesis of Cultural Lag”）。

的道路上充斥着太多鲁莽驾驶的车，而警察目前对此无能为力。因为汽车的生产比旧城道路的拓宽快，因为一些人获得驾照比他们学会谨慎和礼貌驾驶快，因为汽车在城市里的增长速度快过了警察的招募、培训以及收益缓慢的纳税人支付费用的速度，所以拥堵、令人讨厌的尾气以及磕磕碰碰等汽车问题显著增加。

尽管这些弊病看似来自汽车，但问题却不在汽车而在于汽车与城市的关系。这可能听起来有些吹毛求疵，但除非我们这样坚持，否则就永远无法准确地定义问题，也不会成功地解决问题。

比如国防问题，永远不能由只依靠内在认知来评估必要兵力的总参谋部来阐述。必要的兵力只能根据可能的敌人来估算，而军事问题，无论是和平时期还是战争状态，总是取决于兵力的比率。军事力量是一个纯粹的相对概念。面对西藏手无寸铁的山民，英国海军就像无助的孩子。在太平洋上的渔民，法国陆军也束手无策。兵力要照着对手来衡量：老虎和鲨鱼是无法进行比较的。

如今，一个既定的、可接受的可能发生冲突的兵力比率就是一种军事和平状态。而一种你追我赶的，并因此时常不平衡的比率则是战争的前奏。加拿大的边界上没有军事问题，并不是因为我们两国军力相当，而是因为幸亏我们不做比较。两国军力是自变量，彼此间没有关系，其中一个发生变化不会影响到另一个。目前，美国的主力舰在大西洋或太平洋上都没有遇到军事问题，因为英国和日本这两个可与我们匹敌的军事力量，都与美国签订了条约，就比率达成了共识。[①] 但对于不受该比率约束的其他所有类型的舰船而言，两大洋上都存在军事问题，如果《华盛顿条约》失效，它解决的问题就会再次出现，因为三支海军力量中谁都想把其他两支比下去所造成的相对不均衡的各自发展，取代了曾经的同步发展。

四

经济活动领域也是一个问题频发的领域。正如卡塞尔所

① 然而，围绕炮口仰角问题的争议表明，在如此多因素可变的情况下，维持力量平衡是多么困难。

言，[1] 我们在“经济”一词的含义中纳入了两个基本变量：一是非常有限的满足人类需求的手段；二是现实中，总体而言是无限的文明社会的人类需求。因此，在所有经济活动中，存在着一种持续不断的需要，即“在需求和满足需求的手段之间进行调整”。供需关系的不协调是问题不断产生的根源。

我们或许立即注意到，经济学家并未宣称他的领域涵盖了人类需求与满足需求的手段之间的整个调整范围。例如，他通常忽略了人类呼吸空气的需求。因为空气的量是无限的，人类对空气的需求不会得不到满足，而人类不需要的多余空气也不会影响人类的生活。然而，在拥挤的棚户区等地，空气可能会短缺，此时就会出现经济问题，需要制定法律来规定每个人只能享有一定数量的空气。换言之，经济学家将人类需求与有限的满足需求手段之间的不平衡视为他研究的领域。在一个所有需求都得到满足的世界中，对他来说就没有问题；在一个没有任何需求的世界中，或人们的需求可以通过自身调节得到满足的世界中，也不存在问题。问题

① 古斯塔夫·卡塞尔（Gustav Cassel），《社会经济学理论》（*A Theory of Social Economy*），第一章。

的产生至少需要两个相互依赖又彼此独立的变量：需求和满足需求的手段；而且这两个变量必须有变化的倾向，以打破此前的平衡状态。

卡塞尔指出，经济系统在人类需求与满足需求的手段之间进行调整的程度，决定了其经济的健康程度。他认为，“完成这一任务有三个不同途径：首先，排除较不重要的需求，从而限制需求的总量；其次，充分利用可满足需求的手段，以实现既定目标；第三，通过增加个人的努力或付出”。①

由于问题源于供需关系不平衡，那就需要通过增加供给或限制需求来解决。选择哪种方法，首先视具体情况而定，看哪种方法更可行；其次在可行的基础上，选择更简单、更偏爱的方法。这两种方法都可以提供解决方案。因为当两个变量之间的调整不会妨碍任何一方的期望时，就没有问题，也不会感到有问题存在。

① 古斯塔夫·卡塞尔，《社会经济学理论》，第一章，第7页。

第八章　社会契约

一

很难想象宇宙中的所有事物能彼此和谐共存。除了桑塔亚纳先生[①]所谓的本质领域之外，我们所知或所能想象的和谐只是为了某个最终目标而做出的局部调整，而这种调整常常会以牺牲与之冲突的其他目标为代价。为了让果树结出果实，我们毫不犹豫地消灭吃果实的昆虫。为了果实的成熟，我们对无数飞虫的灾难不予理会。

以永恒的视角看，地球上的和谐无论是适合人类的还是适合昆虫的，可能完全不重要。因为以永恒的视角从整个宇宙的角度来看，我们所谓的好或坏、更好或更坏根本就不存在。所有的价值观念都来自宇宙中的这部分和那部分的对比，无法将宇宙作为一个整体来衡量其价值，就像无法将其作为一个整体来称重一样，因为所有的价值尺度和重量尺度都包含于宇宙之中。要评判整个宇宙，你必须像上帝那样置身宇宙之外，这是凡人无法做到的。

因此，对昆虫而言不幸的是，我们必定会用人类的价值观来评判它。在人类的力量处于优势的世界里，它必须服从人类所追求的和谐。虽然我们可能会本着公平竞争的原则，承认它在理论上有权建立自己的和谐标准与人类对抗，如果它能这样做的话；我们也可以说它的标准更好，如果它愿意的话，但对人类而言，所谓的好就是对人类有益。我们的宇宙由它所包含的万物组成，并非本就如此，也非昆虫感知到的那样，而是人类定义了它。从人类以外的任何视角来看，人类关于宇宙的概念都是歪曲的。它被赋予了一种特定的关照和视角，被塑造成完全符合人类的意愿。所有的形状、颜色、气味、声音都是以人类感官为依据而定义的，各种关系也都是在人类需求的背景下被认识和理解的。

---

① 桑塔亚纳（Santayana, 1863—1952），美国哲学家，曾任哈佛大学教授，是李普曼在哈佛读书时的导师，对李普曼产生了深刻的影响。桑塔亚纳所谓的“本质领域”在他看来是最高的实在领域，是各种抽象的本质的统一，永恒地存在于时间与空间之外。——译注

在人类的利益、目的、欲望主宰的天地里，视野甚至更为狭窄。这里不存在人类的整体视角，只存在个别人的视角。没有一种适用于所有人类，没有一种适用于全人类的历史，没有一种适合全球的每个角落。对与错、善与恶、快乐与悲伤，都具有时代性、地域性和相对性。只在某时、某地、某种情况下，适用于某些人。

二

面对深层的多元主义，思想家们徒劳地争辩着。他们创造了社会有机论、民族精神论、超灵论、集体意志论等；他们寄希望于蜂巢、蚁丘、太阳系和人体等类比，还求助于黑格尔的“更高的统一”和卢梭的“公意”，以寻找某种联合的基础。然而，由于人们的想法不同，追求各异，个人利益也千差万别，很难形成任何共同利益，但人们不能孤立地生活，即使是为了实现个人目标，也需要顾及他人。无论如何，我们不再期望消除所有差异，寻求统一。对我们来说，冲突和差异是不可否认的真实存在，与其追求目标的统一，不如寻求各种目标的和谐共存。

那么，当我们谈论“大社会”中问题的解决方案时，我们的意思可能不过是两个相互冲突的利益找到了一种“临时的解决办法”(modus vivendi)。当然，也可能是它们真正消除了所有差异，其中一方屈服于另一方，或者双方都屈服于第三方。然而，大多数社会问题的解决并不会如此利落；并非所有事物都能像拼图碎片一样最终完美契合。冲突的利益只是找到了一种相互让步和彼此共存的方法，以避免过多的敌意。

各方仍保留着各自的利益。牵涉其中的人们仍然抱有不同的想法。他们没有达成思想或目标的统一。然而他们各行其道，并没有发生冲突，甚至有时还相互依赖、相互帮助。他们知道自己的权利和义务，知道可以期待什么、会被寄予怎样的期待。他们的权利往往比他们声称的要少，而义务却比他们喜欢的要多。但由于义务是在某种程度上执行的，行为变得可理解和可预知，尽管存在利益冲突，人们仍然能够合作共存。

在任何特定历史时期，权利和义务体系中的“临时的解决办法”通常都获得了某种高度宗教化或理想化的认同。时代的思想家们往往将当时的制度、法律、道德和风俗等归因于神圣的启示。这些令人厌倦的幻想已经被粉碎了千百次。任何时候通行的权利与义务体系归根结底都是对社会各方利益之间的权力平衡的一种略显过时的表述。正如奥格本先生所言，总是存在一定的滞后性，因此人们所接受的权利和义务体系通常落后于他们认为最适合的。然而，无论这个体系是否过时，追溯其源头，权利都代表着某人能够主张的权益，而义务则代表着某人所能承担的责任。

三

当前的权利与义务体系旨在调节人们的不同目的之间的冲突。既定的权利是一种承诺，即某种行为将得到国家组织力量的支持，或至少是社会共识的支持；义务也是一种承诺，即不尊重他人的权利将会受到惩罚，包括死刑、监禁、失去财产、剥夺特定权利或社会谴责等。简言之，权利与义务的体系是法庭和公众舆论所支持的一整套承诺体系。这个体系并非一成不变，它会因地、因时、因执法机构或社会特征不同而异。然而，尽管如此，它使人们的行为更趋理性，并通过限制和规范追求冲突目标的自由度，在多样性中建立一种和谐。

有时承诺体现在强制性的法律中：你必须这样做，否则将受到惩罚；你不得不这样做。有时承诺基于双方的契约：并无订立契约的义务，但一旦订立，就必须履行，否则将付出违约的代价。有时承诺基于教规：必须遵守，否则对罪的惩罚将会在现世或来世降临到罪人身上。有时承诺基于习俗：必须尊重，否则必将付出不顺从的代价。有时承诺基于习惯：必须履行，否则将面临困扰。

对于是否应执行特定的权利或义务以及如何执行，是由警察、公众批评还是个人良知来执行的问题，都不能通过先验的推理得到答案。它将由社会中占主导地位的利益来回答，每个利益都尽可能地对社会权利和义务的体系施加影响，使其最符合自身的利益。最终的体系将是各利益竞争结果的反映。他们将辩论当作武器，对自己有利的就维护，对自己不利的则攻击。即使最客观的理性诉求也会呈现出一定的利益倾向。

四

在利益之争中，关于特定规则的利弊问题将会引发讨论；讨论的焦点是这个规则好不好，是否应该动用这种或那种措施强制执行。在讨论中，通过说服或强制，特定的社会规则将被制定、执行和修订。

本书的论点是，作为公共事务的旁观者，公众无法有效介入特定问题的利弊讨论。他们只能从外部评判，并且只能通过支持某一直接利益相关方参与其中。因此，公众对争议问题的兴趣不仅仅取决于具体问题本身。那么，公众会对什么问题感兴趣呢？在讨论的哪个阶段，公众的兴趣会被激发出来呢？

只有当有人提出异议时，公众才会意识到问题的存在；而没有人提出异议时，就意味着问题已经解决。对于公众而言，任何被相关各方都接受的规则就是正确的。由此可见，公众对问题的关注仅限于确保有规则存在，这意味着当前占主导地位的规则将被执行，而不可执行的规则将依据既定规则进行修订。关于约翰·史密斯应该做这个还是那个，公众的观点无关紧要；公众不了解约翰·史密斯的动机和需求，也不关心它们。但是，约翰·史密斯应该履行他的承诺是公众关心的问题，因为除非根据既定规则来制定、执行和修订人们的社会契约，否则不可能有社会组织。如果不通过某种权利和义务体系对相互冲突的目的进行调节，就会引发无休无止的问题。

公众的兴趣不在于规则、契约和习俗本身，而在于维持一种有规则、契约和习俗的体制。公众感兴趣的是法律权威，而不是具体的法律条文；是法律的运行方式，而不是法律的实质内容；是契约的神圣性，而不是特定的契约；是基于习俗的理解和共识，而不是这个或那个习俗。公众关心这些问题的目的在于确保人们能在具体事务中找到一种“临时的解决办法”；公众的兴趣在于制定可行的规则，这些规则能够定义和预测他人的行为，以便他们进行必要的调整。公众能够通过表扬、指责、投票、罢工、抵制或支持等方式施加影响，但只有当公众支持那些执行旧规则或提出新规则的人时，才能产生效果。

在这个理论中，公众并不是法律或道德的创造者，最多是一支储备力量，支持法律和道德的方法与精神。尽管否定了公众能够制定社会规则，但我并未否定公众当前承担的所有社会职责。我只是指出公众应该放弃一种伪装。当公众企图处理具体问题时，它只会被某一特殊利益所骗或成为其无意识的盟友。因为只有一个共同利益：所有的特殊利益都应该按照既定规则行事。一旦你询问应该根据哪项规则，你就闯入了特殊观点、个人观点、阶级立场、地区和国家偏见的利益竞争领域。公众不应该问根据哪项规则，因为这个问题无法回答。如果公众承认某种权利与义务的体系是必要的，它就已经为解决社会问题做出了自己的贡献，尽管并没有任何特定体系是特别神圣的。

第九章　公众面临的两个问题

人类生活所遵循的众多毫无争议的规则公众并不关心，公众只处理失败的。被所有人接受并遵循的习俗、平等签订的契约、信守的承诺、实现的愿望，这些都不会引发争议。即使存在违规行为，只要被明确指出、清晰认定并坚决惩处，也不会有问题。违规者可以自行招认，或通过一些合法程序将他识别出来。规则这一概念，我认为包括检验、阐释、执行的方法等，如同箴言一样，在任何情况下都是完整的、不容破坏。公众的力量可以毫不犹豫地团结起来，代表管理规则的权威。

除非对规则的有效性存疑，否则对公众而言就没有问题，这里的存疑是指对规则的含义、合理性或执行方式存有疑问。当存疑时，公众需要简单、客观的测试来帮助其决定如何参与解决问题。这些测试因此必须回答两个问题：

第一，规则是否存在缺陷？

第二，如何识别出最有可能修复这一规则的机构？

我坚持认为，这是公众需要回答的仅有的两个问题，以便最大限度地发挥其在解决公共问题中的影响力。请注意，它们并不是解决问题时任何人都需要回答的仅有的两个问题。如果公众中的一员希望避免无知的干预，那么这些就是此人可以有效地关心的两个问题。

那么，他怎么知道这个规则是有缺陷的呢？他如何认出规则的修订者？如果他要回答这些问题，他必须能快速作答，而不需要对问题有真正的了解。他能够做到吗？他能够在无知中明智地行动吗？

我认为，这件看似矛盾的事可以通过接下来四章所阐述的一些方法来完成。

第十章　公开辩论的主要价值

行动受某项规则约束的个人会对该规则的实质感兴趣。但对于不约束其行动的那些规则，他最关心的是应该有可行的规则。

由此可见，公众的成分并非固定不变，它随问题的变化而变化：一个事件中的行动者可能是另一个事件的旁观者，人们不断在他们作为执行者的场地或作为公众一员的场地来回穿梭。这两种身份的划分，正如我在第三章中所说，并不绝对：有一个模糊地带，很难说一个人是按照自己的想法行动，还是仅仅为了影响其他决策者而行动。这两种行为常常混在一起，再加上在所有情况下都缺乏清晰的界线，使得公众和个人对它们的态度在公共事务中出现了很大的混乱。公众对一个问题的看法会被公众中存在的私利者搅得一团糟，这些人其实是在按照自己的私利扭曲规则，同时却又假装或想象自己只是为了公众的需求，即应该有一个可接受的规则。

因此，从一开始，发现并排斥谋私利的团体就很重要。我这么说，并不是想对一个联合起来促进自身利益的团体进行反思。这么做是徒劳的，因为可以肯定，只要人们认为方便，就会采取行动为自己谋利。基于任何社会中人们普遍自我克制和牺牲的期望的政治理论都不值得考虑。还有一点也不明显，即除非人们遵循自己的个人利益并为那些能够给自己带来内在知识的事务做出贡献，否则世界上的工作将无法完成。此外，如果从充分认识并深入探究的特殊角度出发进行调整，将会更有实效。

因此，任何富有启发性的公开讨论的关键不在于掩盖或审查私利，而在于因势利导，使其展露本色。真正的公众，按照我的定义，必须清除混在其中的私利团体。它必须净化自己，不是因为私利不好，而是因为如果其中任何一个私利者获得了虚假的力量，私利之间便无法成功地相互调整。如果真正的、关心调整的事实的公众被动员起来支持某一寻求占主导的私利，那么这样的调整就是虚假的；它不代表事务中各力量间的真正平衡，解决问题的方案也会失败。它会失败，因为真正的公众不会为任何事长时间保持被动员的状态，当他们四散而去，被错误标榜的私利将发现其特权难以掌控。这就好比一个人在六名警察的帮助下把杰克·登普西[①]按倒在地，然后警察们回家吃晚饭，留下他一个人在那里。这也好比在盟军的支持下，法国能够对抗德国，而后盟军撤出欧洲，法国被留在了那里。

将公众与私利团体区分开来，不会得到私利团体的支持。可以肯定的是，只要有机会，任何一群农民、商人或工会会员都会自称为公众。那么，如何才能探查出他们的私利呢？普通的旁观者并没有能力分辨私利团体是如何利用宣传手段将自己与无私的公众混为一谈的。这是一个令人困惑的问题，也许是民主政府最头痛的问题，旁观者唯一的选择就是坚持辩论。我们可以假设，他没有能力判断各种论点的优劣，但如果他坚持充分自由的辩论，辩论者们很可能会互揭

① 杰克·登普西（Jack Dempsey），1919—1926 年世界重量级拳王。——译注

老底。公开辩论也许没有确切的结果，对解决问题也没有实质性的帮助，但它有助于揭开党派分子和私利者的真面目。如果辩论能够让真正的公众认出他们，那么辩论就体现出了它的主要价值。

对于那些与事务没有直接关系的人来说，他们仍然可以选择加入私利团体并支持其利益主张。但至少他会知道他已经把自己变成了一名党派人士，这样他或许不太可能将某个党派的目标误认为是人类的目标。

第十一章　有缺陷的规则

一

一个人违反规则，随后公然为自己的行为辩护。这是攻击规则有效性的最简单的形式。这是一种对公众裁决的呼吁。

他宣称自己按照一项优于旧规则的新规则行事。公众该如何在两者之间做出判断呢？我们假设，无法深入问题的内在优劣。因此，公众必须询问违规者，在违规前为什么没有先征询相关方的同意。他可能会说他没有时间，这是危机中的行动。在这种情况下，对公众来说，并没有什么严重的问题，违规者的伙伴要么感谢他，要么嘲笑他。但既然这是特殊情况，他们并没有真正确立一项新规则，如果相关各方能够和平圆满地解决问题，公众也乐于接受这样的结果。但假如不是在紧急状况下，违规者有时间征询意见，但他自认为知道什么是最好的，所以没有征询同意。他可能会受到公正地谴责，而其他当事方对他的反对也会得到公正地支持。

因为法令创新的权利无法作为一项工作原则来捍卫；一项新规则，无论初衷有多好，除非在某种程度上先被所有必须依照其生活的人理解和认同，否则就不能指望它起作用。当然，创新者可能会回应说，他被一条尚未完全被证明的教条束缚了手脚。这也许是事实。有历史经验可以引用来反对新规则需要得到同意的原则。有许多案例，一种政权被强加于不情愿的人民，后来却因其结果而被人们赞赏。虽然需要征得同意的原则并不完美，就像大多数原则一样，但它是社会运行的一个必要假设。因为如果新规则的运用无需征得同意，那么每个人都可以制定自己的规则，那就没有规则可言了。因此，“需要获得同意”的原则必须得到维护，因为，要知道，特殊时期或特殊人物会用任何教条来开路。既然社会规则不能建立在例外之上，那么例外必须自证其合理性。

因此，检验一条规则被破坏是否合理的标准就是“同意测试”。随之而来的问题是，应用此测试时，公众如何决定是否给予了足够的同意。他如何判断这个政权是由专断力量强加的，还是在实质上得到了同意？

二

我们希望知道是否缺乏同意。我们知道缺乏同意是因为存在公开的抗议，或者存在广泛的不遵守。一项得到同意的可行规则，不会引发抗议或太多的不服从。作为公众，我们该如何衡量抗议的意义或不服从的程度呢？

三

在只有极少数人直接涉及争议的情况下，公众最好不要干预。一方可以抗议，但除非他抗议的是为裁决此类争议而设立的公共裁决机构，否则他的抗议可能会被忽视。公众不能指望参与到个人争议的细节中去，无论它们对个人来说是多么悲惨或多么重要。一人对另一人的抗议不能被视为公共事务，只有当公共裁决机构受到质疑时，它才成为公共事务，而且唯有因为此事可能需要其他裁决机构的调查。在此类争端中，公众必须信任制衡双方的调整机构。当我们还记得公众由每天只花大约半小时读报的大忙人组成之时，否认他们能够做到详尽的公正并非无情，而是慎重。

但是，当许多人卷入争议时，就必然成为公共事务了。因为这样的争议不仅影响广泛，还可能需要动员公众的所有力量，以推动问题的和平解决。

公众必然重视那些代表很多人意见的抗议。但是，公众该如何知道已经有了这样的抗议呢？这就必须看代表公众的发言人是否获得了授权。该如何判断发言人获得了授权呢？也就是说，如何判断这位代表是否能通过承诺让其选民采取行动来表示同意呢？表面上的领导者是不是真正的领导者，这个问题公众通常无法直接基于实质来回答。然而，他们必须以某种方式作答，并依据某种经验之谈给出一些保证。

经验之谈将举证责任丢给了那些否认表面上的领导者是真正的领导者的人。就像国与国之间，无论对方的政府多么令人讨厌，只要其国内没有公开造反，公众舆论就不能否定其现政府。因为，除非一国人民在另一国疆界内从事毫无希望的政治斗争，否则，除了认为一国认可其未能解职的官员外，别无选择。但是，如果发生公开的造反，或更温和的替代品，比如即将到来的选举等，那么明智的做法可能是推迟长期解决方案，直到一个稳定的政府就位。但是，如果真的达成和解，就必须与正在该国首都执政的政府达成。

相同的理论略加修改即可适用于一国之内的大多数情况。比如，如果矿工工会的官员采取某种立场，则雇主否认他们代表工会矿工发言就是徒劳的。他应该否认他们代表非工会矿工说话。一旦有争议的问题需要工会的同意，那么，除非工会成员质疑其领导人，否则公众必须视他们为获得了授权的代表。

但是，假设工会领导人在工会内部受到质疑。公众应如何评估这种挑战的重要性呢？回想一下，这样做的目的不是判断反对者是否正确，而是要判断代言者是否真的得到了选民的委托。在权衡这种挑战时，公众关心的是反对者的人数、战略重要性或决心会在多大程度上削弱同意的价值。但如果我们期望公众能够做出这样的判断，那就对公众要求过高了。就算公众能够评估挑战的重要性，也不过是粗略的、外在的。对于不质疑代言人资格，只是批评而非反抗的反对者，公众就不关心了。这属于内部事务。只有威胁拒不遵从的反对者才有必要关注。

在这种情况下，如果代言者是选出来的，在举行新的选举之前，他们有资格给予可靠的同意。如果代言者不是选出来的，并且明显存在有反抗之举的反对派，那么他们的同意只能被视为暂时的。诚然，这些标准并没有衡量反对的重要性，但是，通过限制在面对反对意见时可以合理达成的和解，它们考虑到了反对的影响。

它们引入了必要的修改，使大团体的人的同意测试成为可行的普遍原则，即只要他们的代言者达成了一致，就可视为得到了同意。

四

遵从测试（the test of conformity）与同意测试（the test

of assent）密切相关。因为可以假设，对一项规则、习俗、法律、制度的公开批评已经伴随着或即将伴随着对该规则的回避。一个相当可靠的假设是，大多数人希望遵从；而任何一部分人被逼到愿意为公开表达异见付出代价的地步时，都可能有一个值得讨论的理由；更为肯定的是，其中的许多人已经不只是批评，而是将不遵从付诸了行动。他们的论点可能是错误的，补救措施可能是愚蠢的，但他们甘冒个人风险公开批评的事实表明，该规则并不太可行。因此，广泛的批评具有超越其智力价值的意义。从表面上总是能看出的一个征兆就是规则的反复无常。

如果一条规则经常而非偶尔地被打破，那么这条规则是有缺陷的。对于期待遵循它生活的人来说，它无法提供明确的行为准则。尽管它听起来高尚，但并不起作用，无法调整关系，也无法真正有效地组织社会。

公众无法具体地判断规则的缺陷所在。通过我提出的“同意”和“遵从”两个测试，公众可以确定规则中是否存在缺陷。然而，公众无法判断这种缺陷是由于错估了不断变化的力量平衡，还是由于忽视了某个重要的利益或一些相关情况，是由于规则本身的调节能力不佳、存在内在矛盾、晦涩难懂、阐释不清，还是由于缺乏解释或从一般规则推导出具体规则的机制。

我相信，如果公众认定某项规则存在缺陷，并且随后着手确定最有可能予以补救的代理机构，那么它已经尽其所能了。

第十二章　改革的标准

一

由随机聚合的旁观者组成的公众即使有心也无力干预当下社会中的所有问题。我认为，他们可以且必须偶尔发挥作用，但他们不会有兴趣，甚至无法做出最粗略的判断，甚至不会以最粗暴的党派方式行事；所有的问题每天都会在一个复杂多变的社会中出现。通常情况下，他们将代理权交给由或多或少的知名人士组成的专业公众。大多数问题从未越出这个手握权力的群体之外，普通公众只能听到其中辩论的些许风声。

如果在各利益相关方和公众名人的拉扯下，或多或少地不断达成和解，执政党就有了国家的信任。实际上，局外人排在掌控大局的局内人后面。但是，如果各利益相关方无法达成一致，如果因此出现骚乱和长期危机，那么局内人中的反对可能会被视为国家的希望，并能把旁观者引到他们一边。

当事情进展顺利时支持局内人，在事情似乎要糟时支持外部势力，尽管都说这其实是半斤八两，但这正是民众政府的本质。即使是我们所拥有的最聪明的公众，也必须通过在内外之间做出选择，最终决定由谁来行使国家及其军队和警察的有组织的权力。一个别无选择的社会不会有民众政府。它要么受制于某种形式的独裁统治，要么由游说团体中的政客的阴谋诡计统治。

尽管党派人士习惯性地表示执政党与在野党之间存在根本差异，但我相信，这可以证明，在稳定成熟的社会中，差异不一定很大，否则被击败的少数派将不断处在叛乱的边缘。一次选举将是灾难性的，而每一次选举的假设都是胜利者不会做任何事让失败者的生活无法忍受，而失败者则将以迁就的态度接受他们不赞同的政策。

在美国、英国、加拿大、澳大利亚和其他一些欧陆国家，一场选举的意义很少达到竞选者所描绘的意义的一小部分。

它意味着一些新面孔，也许意味着事务管理的总体趋势略有不同。执政党可能倾向于集体主义，在野党可能倾向于个人主义。执政党可能在外交事务上心存怀疑且不合作，在野党或许会表现出更多的信任或抱有另一套疑虑。执政党可能偏重某些制造业的利益，在野党可能更关注农业利益。然而，即便这些倾向，比起双方在绝大多数问题上的共识、既定习惯和不可避免的需求都是微不足道的。事实上，可以说，当选举没有导致任何颠覆性后果时，一个国家的政局是稳定的。

因此，在成熟的社会中，选举往往带有一种装腔作势的严肃感。大部分人兴奋的不是国家命运，而仅仅是游戏的结果。有些人的兴奋是真诚的，一如任何狂热的陶醉。其中很大一部分是通过花钱来克服选民的惰性而刻意煽动起来的。大多数情况下，执政党和在野党之间的真正区别不过是：执政党上台一段时间后，变得太执着于政策，与特殊利益集团的纠缠过深，以至于丧失了中立的决策自由。随后，他们无法干预和阻止与其结盟的利益集团的肆意妄为。而此时，就该在野党上台恢复平衡了。在政党交替的过程中，在野党的优势在于他们不受那些被高估的特定政策和特殊利益的束缚。

考察执政党是否有效地处理事务，要看有没有出现令人不安的问题。正如前一章中所指出的，改革的必要性可以通过“同意测试”和“遵从测试”来认识。然而我认为，大多数情况下，公众无法在每个问题上支持每位改革者。他们必须在问题是得到解决还是变得更严重的累计判断的基础上，在执政党和在野党之间做出选择。特定改革者优势的形成通常源于执政党的糟糕表现。

然而，若要对公众舆论进行提炼，就必须对当今重大问题的整体性判断进行拆分和细化。并非公众感兴趣的所有问题都可以通过政治和政党体系来解决。因此，制定一些判断标准似乎是必要的，以帮助旁观者在特定争议中做出更明智的判断。

问题在于需要通过一些清晰而简明的客观测试来确定争议中谁是最值得公众支持的人。

二

当规则明确无误，其合法性不受质疑，违规行为和违规者都清晰明确时，就不存在问题。公众支持法律的执行者，尽管当法律有效运行时，公众的支持就如同一家好银行的黄金储备：它的存在众所周知，但无需动用。而在许多争议领域，规则并不清晰明确，或者其合法性受到质疑，每一方都声称对方在挑衅，称自己是为了人类的最高理想而行动。在国与国之间、部门利益之间、阶级之间、城乡之间、教派之间的纷争中，缺乏调整的规则，而有关这些规则的争论淹没于宣传的迷雾之中。

然而，正是这种最棘手的争议，才需要公众来评判。在事实最模糊、缺乏先例、新奇和混乱充斥各处的情况下，公众被请出来，做他们并不胜任的重要决策。最棘手的问题是那些制度无法处理的问题。它们被推给了公众。

在这种情况下，公众可以运用的一个测试是注意争议中的哪一方最不愿意将其全部主张提交审查，并接受审查结果。这并不意味着专家总是专家，或者裁决机构总是公正的。它只意味着当公众被迫干预一个陌生而复杂的事务时，公开的“询问测试”(the test of inquiry）可以最可靠地判断申诉人的诚意、对自己经受审查的能力的信心，以及愿意为了相信人类合理调整的可能性而甘冒的风险。他可以质疑特定的裁决机构，但他至少必须提供一个替代方案。测试的是，在没有既定规则的情况下，他是否愿意按照法律形式和制定法律的程序行事。

在公众舆论能够采用的所有测试中，询问测试是最为普遍适用的一种。如果各方愿意接受它，立即就会形成一种理性的氛围。有望达成和解。如果做不到这一点，至少可以推迟仓促行动，获得澄清问题的机会。如果做不到这一点，最武断的争议方很可能会被识别出来并被孤立。难怪在最近根据《国际联盟盟约》[①]和《和平解决国际争端议定书》[②]进行的所有实践中，这个原则被用于所谓不适合司法判断的问题。因为在运用这个询问测试时，我们明确了以下事实：存在争端，真相不清，应适用于此的政策尚未确立。尽管如此，我们作为局外人的公众要求争议各方必须表现得像是有适用这件事的法律一样。即使缺乏理性结论的依据，我们仍要求运用理性的方法和精神。我们要求做出任何必要的牺牲，推迟

① 第 13、15 款。
② 第 4、5、6、7、8、10 款。

满足合理需求，并承担一方失败或导致不公正的风险。我们坚持这样做，是因为我们致力于维护一个以和平的方式解决所有争议的社会原则。

也许这样做并不能解决所有争端，但我们的社会就是建立在这一原则基础上的。我们不得不捍卫它。我们可以出于良知捍卫它，尽管其中的某些直接后果会令人不安。因为，通过在所有的争端中坚持理性精神，我们最终将逐渐认可理性的习惯。在理性习惯盛行的地方，没有什么观点对形成理性习惯的人来说是绝对的，没有什么人与人之间的问题是棘手到找不出一种“权宜之计”的。

询问测试是一种主要的测试方法，公众能够运用其力量来扩展理性的边界。

三

然而，虽然询问测试可以区分出哪一方有资格获得初步的支持，但只有当一方拒绝接受询问时它才有价值。如果各方都接受询问，那么这个测试将无法提供任何信息。而且，在任何事情上它都无法展现出所提出的解决方案的前景。寻求信息公开的一方也许更坦荡和善意，但遗憾的是，真诚并不意味着智慧。那么，公众应该依据什么标准来评判作为解决方案提出的新规则呢？

事实上，公众无法判断新规则是否有效。然而，他们可能会假设在一个不断变化的世界中，没有一条规则能够永远有效。因此，一条规则应该被设计成能够通过经验清楚地揭示其缺陷。规则应该清晰明了，使违规行为显而易见。但由于没有一种普遍规则可以涵盖所有情况，这也就意味着该规则必须包含一个可以解释它的既定程序。因此，如果一项条约规定在满足某些条件时应撤离某一领土，却没有阐明这些条件具体是什么以及何时被满足，那么该条约就是存在明显缺陷的。换言之，一条规则必须包含自我澄清的手段，这样一来，违规行为就会无所遁形。只有这样，规则才能考虑到任何人类智慧都无法预见的情况。

基于此，我们得出结论：一条规则的制定必须使其能够在不引发革命的情况下进行修订。修订须获得各方同意。然而，即使支持变革的论点势不可当，也并不总是能够获得所有人的同意。人们会坚持自己所谓的权利。因此，为了打破僵局，规则应该明确规定，在一定的正式程序下，对修订的争议应公开。这通常会破除障碍，否则公众很可能会代表其中一方参与进来。这可能会给所有相关人员带来不便，因为公众舆论的干预可能是粗鲁的、暴力的，并且缺乏针对性。但至少可能会教会直接相关者，让他们明白下次不要进行干预。

然而，尽管修订应该是可能的，但不应该是频繁的或无法预料的。应该让人们有时间养成习惯、形成惯例。一壶水不该总是沸着，也不该因为一些相对微不足道的原因去激它，同理，演说家不该因为看到有机会让自己变得重要就煽动民意。由于一个制度牵涉到许多不同的人的习惯和期待，必须找到某种方式在不令现状僵化的情况下保持稳定。这可以通过要求只有在预先告知（due notice）后才能进行修订来实现。

对于每个具体情况，公众都说不出预先做怎样的告知。只有利益相关方才可能知道他们的事务的节奏在哪里打断最方便。对于任职时间长度不同的相关负责人而言，预先告知的时机可能也各不相同。但公众可以观察拟议的解决方案是否体现了预先告知的原则。

那么，为评判一条新规则，这里提出三个测试标准：它是否提供了自我澄清的机制？是否通过同意来进行修订？是否预先告知会有修正案？这些测试旨在根据解决的程序而非内容来评估解决的前景。一项改革如果能够经得起这些测试，便有权获得公众的支持。

四

这就是我目前所知的对于亚里士多德之问的回答：能否制定简单的标准，让旁观者知道在复杂事务中该如何选择立场？

我已经建议，辩论的主要价值不在于为公众揭示争议的真相，而在于让公众识别出当事各方。此外，我还进一步指出，当一个行动规则存在缺陷时，问题就会产生，公众最好通过同意测试和遵从测试来判断其缺陷。至于补救措施，我假设公众通常必然求助于在野党而非执政党，尽管这些总体性判断可以通过对具体问题进行更多的分析测试来完善。作为这些更具分析性的测试的样本，我建议针对复杂难懂的争议进行询问测试，并对改革进行解释测试、修订和预先告知的测试。

这些标准既非详尽无遗，也非定论。然而，无论这些测试在实践和反思中如何完善，在我看来，总会有许多公共事务无法适用。我不相信公众能成功干预所有的公共问题。许多问题无法通过那种迟钝的党派之争来解决，而党派之争基本上就是公众所能做的一切。因此，如果我所概述的测试或任何其他对其有极大改进的测试不能轻易适用于当今讨论中提出的所有问题，也不必大惊小怪。

我只想坚持一点，在公众无法运用这些测试作为行动指南时，最明智的做法就是根本不采取行动。如果公众能够克制自己，最好保持中立，而不是盲目偏袒一方。因为在事情非常混乱、平衡非常微妙或难以理解的情况下，它们不会屈从于我在此处概述的判断，公众一干预就会造成混乱的可能性非常大。因为并非所有的问题都能以当前人类的知识水平来解决，许多可能是可以解决的，但不会在公众施加的影响下解决。有些问题需要时间来解决，有些问题则是人的命运。因此，并不是总是必须要采取行动。

因此，公众干预事务的适当限度取决于他们做出判断的能力。这些限度，随着新的更好的标准的制定或者人们通过实践提升了专业能力，可能会扩大。但在没有测试的地方，或不能使用这些测试的地方，换言之，单纯就争议本身的实际价值进行讨论时，旁观者可能采取的任何积极行动，几乎可以肯定，只会添乱而不是帮忙。公众的责任是保持开放的心态，静观其变。一个可用的测试的存在，其本身就是对公众是否应该干预的测试。

第十三章　公众舆论的原则

一

前几章中概述的测试有一些共同特点。它们都选取了一些行为样本或提议的几个方面，并以粗略但客观、高度概括但明确的标准来对其进行衡量。通过这些测试得出的结论，将为公众在相关事务中选择支持或反对某些行动者提供依据。

当然，我并不认为我对这些测试的构想有多了不起。那只是试探性的，只是作为讨论的基础，以证明构想出适合公众舆论性质的测试并非不切实际。但我倒是认为这些测试的原则非常重要。

原则要点如下：

1. 行政行动不适于公众。公众只能通过支持行政人员来参与行动。

2. 洞察问题的内在价值，不适于公众。公众只能从外围介入局内人的工作。

3. 对问题进行预测、分析和提供解决方案，不适于公众。公众的判断只基于一小部分相关事实。

4. 处理问题所需的具体的、技术性的、直接的标准，公众无需关注。公众需要关注的标准是广泛适用于许多问题的，主要侧重于程序和外在的行为模式。

5. 对于公众而言，剩下的就是判断争议各方是遵循了既有规则还是任意行事。这一判断必须通过对局内人行为的外在方面进行抽样来做出。

6. 为了使这种抽样具有针对性，有必要找到适合公众舆论特点的标准，以分清合理行为和任意行为。

7. 就社会行动的目标而言，合理行为是指无论是在制定规则、执行规则还是修订规则时都遵循既定程序的行为。

设计抽样方法、确定判断标准是政治学者的任务。培养公众运用这些方法，是民主国家公民教育的任务。将它们纳入考虑，是制度设计者的任务。

二

这些原则与民主改革者所依据的原则截然不同。教育民众实现自治的努力的根源，我认为，一直是这样一种假设，即选民应该尽可能接近代理人的立场和观点。当然，总体上，他们从来没有接近过。但他们应该接近。据信，如果选民能被教导更多的事实，如果他对政治投入更多的兴趣，如果他读更多更好的报，如果他听更多的演讲、读更多的报告，他就会逐渐被训练出指导公共事务的能力。这个假设是错误的。它基于对公众舆论和公众行为方式的错误观念。我们无法依据这个假设来制订完备的公民教育计划。朝着这个无法实现的理想努力不会有任何结果。

这种民主观念的错误在于它未能注意到局内人与局外人在经验上存在根本差异；它从根本上说是偏颇的，因为它要求局外人像局内人一样成功地处理问题的实质。他做不到。没有任何教育计划能使他提前具备处理人类所有问题的能力；没有任何宣传手段或启蒙机制能够在危机时刻赋予他采取行动所需的详细的专业知识。

民主理想从未定义过公众的职能。它将公众视为一个不成熟的、神秘莫测的执行者。这种不确定深植于一种神秘的社会观念中。“人民”被视为一人；他们的意愿视为一个；他们的想法视为一种；他们被视为一个有机整体，而个体就是其中一个细胞。因此，选民将自己与政府官员等同起来。他试着认为他们的想法就是他的想法，他们的行为就是他的行为，甚至以某种神秘的方式将他们视为他的一部分。所有这些身份的混淆自然地导致了一种理论，即每个人都在做每件事，这阻碍了民主对其自身的局限性和可实现目标的清晰认识。为了政府和社会教育的目的，它掩盖了在大多数人类活动中已逐渐确立的职能分离和培训的专业化。

因此，民主从未发展出面向公众的教育，它只是给了公众一点点作为负责任的人所需的知识。事实上，它的目标并不是培养好公民，而是培养一大批业余行政人员。它没有教会孩子如何作为公众的一员采取行动，只是让他匆忙而不完整地感受到了如果他出手干预，他可能要知道的东西。其结果是公众无所适从，官员培训不足。负责任的人并没有通过公民教育课程获得培训，而是在法学院、律师事务所和商业活动中成长起来。而广大公众，包括所有那些对自己领域之外的事务一无所知的人，都没有受过任何形式的连贯的政治训练。我们的公民教育甚至没有开始告诉选民如何将公众事务的那种错综复杂简化为某种可理解的形式。

当然，批评者从来不乏其人，他们指出民主正在把它对社会治理的自吹自擂弄得一团糟。这些批评者已经看出，重要决策是由个别人做出的，而公众舆论是不知情的、无关紧要的、多管闲事的。他们通常得出的结论是，少数有能力的人和多数无知的人之间存在先天的差异。他们是受害者，他们如此清楚地看到了弊端，却为自己所做的肤浅分析所害。真正重要的区别在于局内人与局外人，他们与问题的关系是完全不同的。只有局内人才能做出决策，不是因为他天生更优秀，而是因为他所处的位置使他能够了解问题并采取行动。局外人则必然是无知的，通常无关紧要，往往爱管闲事，因为他正试图在陆地行船。这就是为什么优秀的汽车制造商、文学评论家和科学家往往在谈及政治时出言荒谬。他们的杰出天赋，如果存在的话，只会在他们擅长的领域中展现。贵族理论家们的工作源于一个谬论，即假设一个足够好的方楔子也可以适用于圆孔。简言之，与民主理论家一样，他们忽略了问题的本质，即能力只与职责相关；人并非事事擅长，而只是在某些方面擅长；人不能接受所有教育，而只能在某些方面学有所长。

因此，公民教育，即成为公众一员的教育，应与公职教育有所区别。以公民身份介入公共事务，需要不同的思维习惯和行为方式。公众舆论是片面的、间歇性的、头脑简单的和外在的。它需要指导，正如我在这些章节中试图展示的那样，一种新的思维方式将为其提供适用的判断准则。

第三部分

第十四章　社会归位

一

虚假的民主理想只能导致幻灭和多管闲事的暴政。如果民主不能指导事务，那么期望它能指导它们的哲学将鼓励人们去尝试他们不可能做到的事；他们将会失败，并且这将极大地干扰个体的有益自由。公众必须归位，这样才能使出自己的力量，更重要的是，这样我们每个人才能免受晕头转向的芸芸众生的践踏和咆哮。

二

我认为，这种晕头转向的根源在于企图描绘出一幅目标统一的社会蓝图。我们曾被教导将社会视为一体，它只有一个思想、一个灵魂、一个目标，而不是拥有各种不同思想、灵魂和目标的男人、女人、孩子的集合体。我们不被允许现实地思考社会关系的复杂性，而是被各种强大的宣传灌输了一个神话般的实体的概念，称之为“社会”“民族”“共同体”。

在 19 世纪的进程中，社会很大程度上受到民族主义和社会主义运动的影响而被人格化了。这些思想学说中的每一种的影响都以其自身的方式坚持将公众视为一种至高无上的社会目标的代理人。事实上，真正的代理人是民族主义领袖及其助手、社会改革者及其助手。然而，他们隐藏在公众意象之后。公众习惯性地认为，任何符合民族主义或社会福利的刻板印象的人都有权得到支持。民族主义统治者的思想和行动被视为国家的宗旨，是所有爱国者的试金石；而改革者所提出的东西代表了人类的仁爱意识，神秘而持续地朝着完美前进。

这种欺骗是如此普遍，以至于人们往往真诚地付诸行动。然而，为了维持那个声称代表全人类精神追求的虚构故事，公众人物不得不习惯于只向公众透露他们所知信息的一小部分，而且，顺便说一句，他们也只承认自己所做之事的一小部分。坦诚，在公共生活中已成为策略问题，而不是生活准则。

“他的判断可能是正确的，”凯恩斯先生谈到劳合·乔治先生时曾说，“这是一个民主制度所能实现的最佳状态——被欺骗、被蒙蔽、被巧妙引导着走上正确的道路。将真理或真诚视为一种方法的偏见，在政治上，可能是基于与实际利益不一致的某种审美或个人偏好。我们目前尚无法确定。”①

经验告诉我们，桌上的纸牌并不都是正面朝上。无论一位政治家对真理作为一种方法的偏见有多深，几乎可以肯定，他是被迫将真理作为政策的一个要素。关于这一点，有大量的证据可以证明。没有任何政治家会纯粹出于对真理的执着而置军队的安全于不顾。他不会为了启迪每个人而危及外交谈判。他通常不会为了坦率直言而放弃选举中的优势。他不会因为忏悔能够净化心灵而承认自己的错误。至于他有

① 约翰·梅纳德·凯恩斯（John Maynard Keynes），《条约的修订》（*A Revision of the Treaty*），第 4 页。

权控制真相的发布，他就会在他认为必要的行动、谈判、士气和声望面前操纵真相。他可能会误判这些必要性，可能会夸大自己目标的善意。然而，哪里有公共事务的目标存在，哪里就会有明显的必要性，这些必要性在与轻率的表达的信仰之间起着平衡作用。公众人物不会也不能假设自己的思想就是公众的思想，并按照这一假想行事。

你无法解释这一点，就像愤怒的民主党人那样，认为所有的公众人物都不诚实。这无关个人道德。商人、工会领袖、大学校长、牧师、编辑、评论家、预言家，都与杰斐逊有同感，后者写道："尽管我们常常希望走得更快些，但我们放慢了脚步，以便那些不那么热情的同行者能够跟上我们的步伐……通过这种勇敢与审慎的和谐，我们与我们的选民形成一个整体，共同前行。"①

"不可分割的大众"的必要性使人们将真理放在了第二位。我无意争论这一必要性往往并不真实存在。当一位政治家告诉我，披露所有事实对他来说是不安全的，如果我完全

① 出自致威廉·沃特（William Wirt）的信，引自约翰·夏普·威廉姆斯（John Sharp Williams），《托马斯·杰斐逊》(*Thomas Jefferson*)，第 7 页。

信任他，我会因相信他而心安理得。坦率地拒绝披露并不会产生任何误导，问题在于假装一切都已披露，公众全然相信公众人物。这种误导源于一种诡辩，即公众与构成公众的个体拥有同一个想法、同一个灵魂、同一个目标。一旦我们正视它，就会发现它是荒谬的诡辩。这是不必要的诡辩。尽管我们不懂医学，但我们可以与医生和睦相处；尽管不会开火车，但我们可以与火车司机和睦相处；那么，尽管我们无法评价农业法案的优劣，为什么我们不能和参议员和睦相处呢？

然而，我们对身份合一的观念是如此深信不疑，以至于我们极不愿意承认世界上存在着差异，或多或少存在着不同的目标。一元论坚信，如果我们不团结一致，我们将会一个个地被绞死。而多元理论，正如其倡导者拉斯基先生所指出的，似乎带有“一种无政府状态的暗示”①。然而，这种说法过于夸张了。恰恰是在社会上那些职能分工明确并进行了有序调整的领域中，最不容易出现无政府状态；最容易出现无

① 哈罗德·J. 拉斯基（Harold J. Laski），《主权问题研究》（*Studies in the Problem of Sovereignty*），第 24 页。

政府状态的是国与国之间、雇主与雇员之间、部门之间、阶级之间、种族之间的模糊地带，那里没有清晰的界定，那里多样目标被掩盖和混淆，那里虚假的统一性受到推崇，那里每种特殊利益都永远宣称自己代表人民的利益并试图将自己的目标作为全人类的目标强加给每个人。

三

对于这种混淆，自由主义以最大的善意做出了巨大贡献。它的主要见解是针对个体的偏见；自由主义者发现了一种证明人是有限的、无法摆脱肉体束缚的方法。从所谓的启蒙时代至今，激烈的批评如炮火雷霆，旨在将民众从幻象中唤醒，正如培根所言，客体幻象源自主观倾向[①]。一旦确证了人类的自然属性，他那绝对确定性的标榜便受到了各方的攻击。面对着自己思想和习俗的历史，他被迫承认它们是受时间、空间和环境等因素限制的。证据让他看到了所有的观

① 培根（Francis Bacon）在《新工具》一书中提出“四幻象”学说，认为有四类幻象扰乱人心，分别是部族幻象、洞穴幻象、市场幻象、剧场幻象。它们是人内心的主观倾向和偏见，是获得真知和认识世界的重大障碍。——译注

点都带有偏见，即使是排除欲念的观点，因为持有这种观点的人必然处于某个时刻的时空中，不能看到整个世界，只能看到从那个时刻看到的世界。因此，人们意识到他们透过自己的眼睛看到的只是一点点，更多的是通过他人对自己眼中世界的叙述得知。他们被教导要明白所有人类的眼睛都有视觉习惯，这种习惯往往是刻板的，总是以某个角度看待事实；而整个经验世界要比天真的头脑所怀疑的复杂得多。由于人们对世界的描绘来自半听半看所得，他们不着边际地捕风捉影，无意识地顺从于内心的欲望。

这是一个令人吃惊且不安的发现，自由主义从来都搞不清楚该如何应对。在莫斯科的一家剧院里，一位名叫叶夫列诺夫的先生将这个发现带入了一个合乎逻辑的结论。他创作了一部独角戏。① 在这部剧中，观众只能通过仅有的一个角色的眼睛看到行为、场景和所有的角色，就像主人公自己看到的一样，它们呈现出他脑海中所想。因此，在老剧院中，如果主人公喝多了，他就会在一个清醒的环境中摇摇晃晃。

① 肯尼思·麦高恩（Kenneth Macgowan），《明日剧院》（*The Theatre of Tomorrow*），第249—250页。

但在叶夫列诺夫先生极其自由的戏剧中，如果我正确地理解了麦高恩先生的叙述，醉汉就不会绕着灯柱打转，相反，两个灯柱要绕着醉汉打转，而他会穿得像拿破仑·波拿巴，因为那是他内心的感觉。

叶夫列诺夫让我感到很困惑，因为他似乎用一顶傻瓜的帽子击垮了那位自由主义者，让他置身于一个并不存在的世界中，只有那么多疯狂的镜子一个接一个地照出他自己的愚蠢。但我随即意识到，叶夫列诺夫的逻辑是有缺陷的，是虚构的。他始终冷眼旁观着他塑造的醉汉主人公，他的观众亦是如此；宇宙终究不是在一个幻象的烟雾中消失的；醉酒的主人公有他的观点，但毕竟还有其他同样真实可信的观点存在，他在人生旅程中可能会与之相遇。例如，可能会有一个警察，虽然他也有自己幻想，但他会闯入这出独角戏中，提醒主人公和我们，当我们根据自己内心的欲望来解释事物时，并不等于真正理解了事物的本质。

但是，尽管所有这些确实证明了自由主义批评的是合理的，却并没有回答一个问题：既然每个行动都有人做，既然每个人在某种程度上都是被两个灯柱围绕的醉汉主人公，那么这个被自己的特殊目的所支配的人如何能促进任何共同利益呢？答案是，通过驯化他的目的，启迪它们，并将它们相互融合，就像小提琴和鼓在管弦乐队中和谐演奏一样，以此来推进。这个答案在19世纪是不被接受的，因为当时的人们尽管试图打破传统观点，但仍然被个体身份的幻象所困扰。因此，自由主义者拒绝为小提琴手和鼓手分别谱写和谐但独立的那部分。相反，他们高尚地呼唤自己最崇高的本性，并超越个体与整个人类对话。

这些普遍性的呼吁既含糊又宽泛，它们并没有告诉某人如何真诚行事，但在他们独断专行时会给他们一个绝佳的伪装。因此，自由主义的伪装便被奸商、投机者、禁酒主义者、沙文主义者、江湖骗子和炮制讨人欢心的演说之人所利用。

自由主义者已然是烧了谷仓来烤猪肉。在发现所有个体身上都存在偏见后，自由主义者大为震惊，再没回过神来。他对自己发现了这个必然而又显而易见的真相感到极为不安，于是便逃到普遍性中寻求解脱。对每个人良知的呼吁并没有指引任何人如何行动；选民、政治家、劳动者、资本家不得不临时制定各自的行为准则，或许伴随着广泛的自由主义情绪，但没有得到自由主义思想的智慧指引。随着时间的推移，当自由主义因其在实践中的放弃而失去了与自由贸易和自由放任的偶然结盟时，它苦苦证明自己是一种必要和有用的精神，是一种值得在此地拥有的友善的幽灵。当个体不受哲学指引，只凭借自己暂时以为合理的原则行事而陷入困境时，这个幽灵就会出现，并在长篇大论中纠正他们表现出的更武断的偏见。

然而，即使只是幽灵没有实体，自由主义仍然重要。它往往唤醒一种更温和的精神，弱化行动的强硬。但它并不主导行动，因为它已从自己的计划中排除了行动者。自由主义无法像其他统治哲学那样对人们说：你做这个，你做那个。它只能说：那不公平，那是自私的，那是专制的。因此，自由主义一直是弱势者的捍卫者和解放者，但当他们获得解放后，自由主义却不能成为他们的指引。而那些处于统治地位的人很容易把自由主义抛到一边，令自由主义者回想起来感到苦涩的是，他们铸造了一种解放的武器，却没有构建出一种生活方式。

自由主义者误解了他们所呼吁的公众的本质。事实上，公众在任何情况下都只是间接相关者，他们可能会联合起来支持其中某位行动者。然而，自由主义者并没有接受这个不带偏见的观点。他假设全人类都在倾听，当全人类听到时，会做出一致的回应，因为他们只有一个灵魂。他对每个人的这种世界性的、普遍性的、无私的直觉的呼吁相当于没有对任何人发出呼吁。

在积极之人所奉行的政治哲学中，不存在这种谬见。这些哲学理所当然地认为，在与邪恶的斗争中，需要召唤具体的行动者来做这事。即使这位思想家对人类发脾气，迄今他也一直将某人视为他战役中的英雄。在对世界产生重大影响的理论中，自由主义的独特之处在于它试图彻底清除英雄。

柏拉图肯定会认为这很奇怪：他的《理想国》(*Republic*)是一本关于正确教育统治阶级的小册子。在13世纪佛罗伦萨的动荡中，但丁寻求秩序和稳定，他的发言没有针对基督教世界的良心，而是针对帝国党。现代伟大的国家缔造者汉密尔顿、加富尔、俾斯麦、列宁，他们每个人心中都有某个人、某个真实的人群，将实现他们的伟大计划。当然，理论中的代理人各不相同，他们可能是地主、农民、工会、军人阶级或制造商；理论则可能是某个教会，可能是特定国家的统治阶级，还可能是某个民族或种族。除了在自由主义哲学中，这些理论总是针对某人的。

与之相比，自由主义哲学有一种模糊而超凡脱俗的氛围。然而，人们对它的敬意是持久的；不知何故，尽管它逻辑上有缺陷，实践上也存在不足，但它触及了人类的某种需求。一群人对一人发问：难道它们不是表达人类渴望和平的一种方式，难道它不是一种可以实现的、所有人都可以在其中共存共荣的和谐吗？在我看来似乎是这样的。试图逃避特定目标而追求普遍目标；试图逃避个性而追求共性，这无疑是在逃避人类面临的问题，但同时也表明了我们希望看到这一问题如何得到解决。我们寻求一种调整，尽可能完美，尽可能不受干扰，就像我们出生前一样。即使如某人所说，人类是一种好斗的动物，他也希望生活在一个他能够尽兴地战斗的世界，敌人要跑得快到能扩展他的能力，但又别太快让他追不上。所有人都渴望适合自己的完美调整，但作为受限的人，他们希望按照他们自己的条件来调整。

由于自由主义不能适应对个人目的的永恒性和现实性进行调整的普遍需要，它仍然是一种不完整的、脱离实际的哲学。它对古老的“一与多”的问题感到沮丧。然而，一旦我们停止将社会人格化，这个问题就不是那么无法解决了。只有当我们被迫将社会人格化的时候，我们才会困惑于有多少独立的有机个体可以合在一个同质的有机个体内。如果我们不把社会看作一个事物的名称，而是把它看作个体与其所处环境之间所有调整的名称，那么这种逻辑上的不足就会被清除。然后，我们可以毫不犹豫地说，常识清楚地告诉我们：行动的是个体，而不是社会，思考的是个人，而不是集体思维；是画家在绘画，而不是时代的艺术精神；是士兵在战斗和牺牲，而不是国家；是商人在输出，而不是国家。正是他们彼此间的关系构成了一个社会。正是对于这些关系的排序，与某一具体的混乱无关的个体可能会形成公众舆论，并可能以公众的身份进行干预。

第十五章　缺位的统治者

一

社会一元论的实际效果已经使我们生活在其中的政治和经济权力的巨大集中合理化。既然社会应有它自己的有机目标，那么这些目标应该从一个中心点通过法律和决策向人民表明，这看起来是相当合理的。必须有人向人民揭示一个可视为共同目标的目标；如果它是要人民接受的，就必须通过命令强制进行；如果它真的看起来像国家的目标，就必须作为一项对所有人都具有约束力的规则传达下去。因此，人们会引用歌德的诗句：

“然后一桩大事完成了，

一个思想足以代表一千种愿望。”①

以这种方式对伟大社会的赞歌已经唱响。两千年前，像中国和希腊-罗马等成熟的文明可以在彼此毫不相干的情况下共存。而如今，粮食供应、原材料、制造业、通信以及世界和平构成了一个巨大的不可分割的系统，其中任何一部分的严重失衡都会扰乱整个系统。

俯瞰这个系统，其中广泛而错综复杂的相互关系蔚为壮观。正如一些满怀希望的人所认为的那样，它甚至可能在根本上意味着人类的手足情深，因为现代社会中的所有人都以相当明显的方式彼此依存。然而，个体无法稳定地俯瞰这个系统，也无法展望其最终的发展方向。对他来说，这意味着在实践中，随着他某些物质生活水平的提高，影响他命运的不可估量的力量以一种令人紧张的势头增加。我的乡下邻居借钱种土豆，却无法把土豆卖掉换成现金，他看着村里商店给的要求他付现金的账单，无法赞同这个世界是相互依存的

---

①《浮士德》(*Faust*) 第二章，第五幕，第四场。

乐观的哲学观点。当纽约城里的经销商拒收他的土豆时，这场灾难如同旱灾或蝗灾一样让人目瞪口呆。

五月播种、九月收获这自古以来就被认为合理的耕作规律，如今不仅取决于风和天气，还受制于一堆遥不可见的人的安排，这些人只是松松手里的线。他的生活可能比先辈更富足，他可能更富有、更健康，据他所知，甚至更幸福。但他以一种令人困惑的方式与那些看不见的人赌博。他与看不见的市场的关系对他来说至关重要，而他自己的眼界并不可靠。他是一根链条中的一环，而这根链条延伸到他所见的地平线之外。

推销和投机的作用是衡量人们所做的工作和结果之间的差距。用迪布利的话说，为了将兰开夏郡的产品推向市场，“别说兰开夏郡其他城镇的营销机构了，仅曼彻斯特和利物浦的商人与仓库老板所投入的资本就比棉花贸易中的所有制造业所需的资本都要多”[①]。依据安德森的计算，1915 年在芝加哥收到的粮食，在期货市场上，价格是实际收购价的 62

① 迪布利（Dibblee），《供求法则》（*The Laws of Supply and Demand*），引自小 B. M. 安德森（B. M. Anderson, Jr.），《货币价值》（*The Value of Money*），第 259 页。

倍，而最终成交价还不知翻了多少倍。[1]当人们为一个看不见和不确定的市场提供产品时，“企业家的最初计划”[2]无法跟上市场的变化。市场调节通常是非常粗略且代价高昂的，靠推销和投机来实现。

在这种情况下，无论是从头至尾掌控整个流程的工匠的操作规范，还是节俭、经济和劳作的美德，都不能成为一项成功的事业的完整指南。笛福在他的《地道的英国商人》（*Complete English Tradesman*）[3]一书中说：“贸易不是一场人们戴着面具出现并分开行动的舞会……而是一个平实、可见的真实生活场景，以审慎和节俭为支撑……”因此，“审慎的经营和节俭会创造出无穷财富”。本杰明·富兰克林可能会说：“一个人，只要以诚实的方式得到他所能得到的一切，并将其所得节省下来（必要的开支除外），必将变得富有。除非全能的上帝有其他睿智的安排，所有人都应该期望他对他们的诚实劳动施予祝福。”直到最近，年轻人仍然会听到笛福和富兰克林的劝告，尽管富兰克林关于全能上帝的睿智

①② 小 B. M. 安德森，《货币价值》，第 251 页。

③ 参见沃纳·隆巴特（Werner Lombart），《资本主义的精髓》（*The Quintessence of Capitalism*），第七章。

安排有时会被省略。但最近，成功的福音中很少包含节俭，更多是强调愿景和商业信息。这个新福音，在其所有冠冕堂皇的空话下，模糊而兴奋地指出一个事实，即为了事业成功，一个人必须将自己的思想投射到一个看不见的环境中。

这种需求滋生出了一种大规模组织的迫切倾向。为了保护自己免受暗处的经济力量、大型垄断或恶性竞争的影响，农民建起了庞大的集中销售机构。商人组织起了大型的行业协会。人们纷纷组织起来，以至于协会的数量和领薪水的秘书不计其数。这种趋势无处不在。如果我没记错的话，我们甚至有过“全国微笑周”。无论如何，我们有内布拉斯加州，如果希望在内布拉斯加州禁酒，就必须在其他所有地区都禁酒。内布拉斯加州无法独立存在，因为它太弱无法控制国际贸易。我们有社会主义者，他们坚信社会主义只能存在于社会主义的星球上。我们有国务卿休斯[①]，他坚信资本主义只能存在于资本主义的星球上。我们有所有的帝国主义者，他们相信必须推动落后种族的发展才能生存。我们有三 K 党

① 休斯（Charles Evans Hughes, 1862—1948），美国政治家，共和党人，第 44 任国务卿。——译注

人，他们信奉如果在全国范围内组织并兜售仇恨，便会滋生出更多的仇恨。我们见过 1914 年之前的德国人，他们被告知必须在“世界强国还是灭亡”之间做出选择；我们见过 1919 年之后的法国人，他们认为除非其他人都不安全，否则他们在欧洲就不可能“安全”。我们目睹了在无法预测的环境中寻求稳定的冲动的所有可以想象的表现，为了自己貌似便利将自己活动背景中的所有人标准化。

这需要不断的努力，使越来越多的人遵守同一法律和习俗，而后，当然，在这个更大的范围内掌控立法和执法机构。这将导致决策集中于中央政府、遥远的行政分支机构、核心小组和指导委员会。无论这种权力集中是好是坏，是永久的还是暂时的，至少这一点是确定的。那些在权力中心做决策的人与他们所统治的人以及他们所处理的事务相距甚远。即使他们真心视自己为代理人或受托人，声称他们执行的是人民的意愿也纯属虚构。他们可能会明智地治理，但并不会与人民积极协商。他们最多可以制定宏观政策，以回应那些只根据结果的某个细节来判断和采取行动的选民。统治者看到的是宏观图景，它掩盖了特殊利益的无限多样性；他们的缺点是抽象化和泛化，在政治上表现为法条主义和官僚主义。相反，被统治者看到的是统治者无法想象的宏观图景中生动的方面，他们普遍的缺点是把当下的偏见误认为普遍的真理。

决策中心与世界主要工作地点之间的距离日益扩大，这破坏了所有早期理论家仰赖的舆论准则。① 一个世纪前，民众政府的模式是自给自足的城镇，在那里，选民的意见是通过与邻居交谈来形成和修正的。他们可能会对女巫、灵魂、外国人和其他世界抱有奇怪的观点。然而，对于本地区事务，其实并没有太多争议，也不太可能会发生长者们无法用一点智谋将其纳入习惯法的某个众所周知的先例的事。

然而，如果管理缺位，对舆论的制约机制就会缺失。其结果往往是在很远的地方，且拖延很久，以至于错误没有及时发现。制约因素是遥远的，在我们的判断中并不产生明显的影响。现实是难以触及的，主观意见的范围也很广。在相互依存的世界中，欲望而非习俗或客观法律往往成为人们

① 参见本人著作《公众舆论》第十六章、第十七章。

的行动准则。他们对“安全”提出了广泛的要求，却以牺牲每个人的安全为代价，对“道德”提出了广泛的要求，却以牺牲其他人的品味和舒适为代价，对国家命运的实现提出了广泛的要求，就是在你想要的时候拿走你想要的。行动与经验、原因与结果之间的间隔越来越大，导致了一种对自我表达的狂热，每个思考者只关注自己的思想，沉浸于自己的微妙情感中。因此，他无法深远地影响事态发展并不令人意外。

二

大社会的集权倾向并非无人反抗，反抗的理由也一再提出。[①] 德·托克维尔曾指出，如果没有地方机构，一个国家可能会生出一个自由的政府，却不会具备自由的精神。权力的集中是为了便于权力的攫取。“你们要做什么？”法国大革命时阿瑟·扬问一些乡下人。“我们不知道，”他们回答，

① 参见 J. 查尔斯·布龙（J. Charles Brun），《区域制度》（*Le Régionalisme*），第 13 页及其后各页。参见沃尔特·汤普森（Walter Thompson），《联邦集权》（*Federal Centralization*），第 19 章。

"我们必须看看巴黎要做什么。"从遥远的中心点处理的地方利益，大致是由繁忙且漫不经心的人在处理。与此同时，忽视了地方对政治人才的培养和选拔。不堪重负的中央权力机构膨胀为一个庞大的官僚和办事员阶层，他们操纵着海量文件，总是和纸上的符号打交道，很少触及具体的人和事。中央集权的本事在一位法国教育部长那句著名的吹嘘中到达了极致，他声称：现在是三点整，全法国所有三年级的学生都在写拉丁诗。

无需赘述，权力越集中，就越不能征求有关人民的意见，人民就越不能有意识地表示同意。规则管得越广，对事实和特殊情况的考虑就越少。它与地方体验的冲突越多，其来源和整体特征就越遥远，就越不容易执行。一般规则往往会与特定需求相抵触，远程强加的规则往往缺乏人们的同意。它们不太适合人的需求，与人们的想法差异越来越大，它们的统治依靠武力，而不是习俗和理性。

一个中央集权的社会，受统治者是共同意志代言人的虚构概念支配，不仅会削弱个体的主动性，也会让公众舆论的作用变得微不足道。因为当人民作为一个整体采取行动时，公众是如此的庞大，以至于可能无法对具体问题做出粗略的客观判断。前面的章节提到的公众判断规则的可操作性或新提议的合理性的测试，在公众人数达到数百万且问题都毫无希望地相互纠缠的情况下，几乎毫无意义。在这种情况下，谈论民主或公众舆论的提炼是徒劳的。面对如此复杂的局面，公众几乎只能偶尔联合起来坚定地支持或反对执政政权，其余时间只能默默忍受其工作，顺从或选择逃避，这似乎是最方便的。在实践中，社会的有机理论意味着权力的集中，也就是说，一个统一意志的概念在事务中的实际体现方式。而这反过来意味着，人们要么接受自己目标的挫败，要么设法揭穿集权所宣称的代表所有人的目标的谎言。

第十六章　混乱的领域

一

集权的实践和将社会人格化的哲学已经深深影响了人类。其危害是众所周知的。然而，如果这种实践和理论持续存在，那就不仅仅是因为人们被错误的学说引入了歧途。

如果你审视一下中央集权的倡导者所列举的困难，如全国禁酒、全国童工修正案、联邦教育管制或铁路国有化，我认为，这些困难可以简化为一个主导思想：有必要将控制的范围扩大到问题中的所有因素，否则问题在任何地方都将无法解决。

劳合·乔治先生在他任期临近尾声面对批评者时，正是针对这个想法做了申诉。尽管他辞令老练，但其中蕴含的思想几乎可称为伟大社会所有帝国化和集权化倾向的最高动机：

“格雷勋爵试图在巴尔干地区实现和平。他确实实现了。然而，这种和平经不起从伦敦到巴尔干的火车的颠簸。还没到索非亚，和平就土崩瓦解了。这不是他的错。计划是好的，意图是好的，但是，那里有一些他无法掌控的因素。他试图阻止土耳其人加入对我们的战争，这是最重要的事。德国的外交对他来说太强硬了。他还试图阻止保加利亚加入对我们的战争，然而，德国的外交再次打败了我们。好吧，我从来无意嘲笑格雷勋爵，现在也是如此，但我要说的是，当你进入外交领域时，有些事情我不会说你无法想象——因为你确实无法想象——但那里的确有许多因素你无法左右。”①

劳合·乔治先生可能对国内事务也这么说。国内事务中也有很多你无法左右的因素。当帝国为保卫其边境而扩张，然后为了保卫扩张后的边境而进一步扩张，中央政府被逐步引导着将一个又一个利益置于其控制之下。

---

① 在曼彻斯特的演讲（Speech at Manchester），1922 年 10 月 14 日。

二

民主政治陷入了这样的困境：一方面，如果在规则制定的过程中没有获得广泛的同意，他们会感到沮丧；另一方面，似乎只有通过集权和强制推行规则才能解决最重要的问题，而这必然会无视同意原则。这个困扰民主政治的痼疾，看似无法通过民主自身的方式来解决。

在极端危机中，这个两难困境必然出现。也许可以为民主而战，但不能以民主的方式进行。可能会突发一场革命来推进民主，但革命本身将由独裁统治进行。民主也许可以抵御敌人，但它将由一个安全委员会来保卫。1914 年以来的战争与革命的历史充分证明了这一点。在危险面前，哪里需要迅速和同心协力的行动，哪里就不能采用民主的方式。

这是可以理解的。但是，在较悠闲、灾难较少的时期，为什么民主方式会被如此普遍地抛弃呢？为什么在和平时期，人们会挑起权力集中，剥夺他们对权力使用的控制权呢？在存在某些问题的情况下，即使在和平时期，危险似乎也足以迫使人们寻求补救，无论何种方法，哪怕最简单、最易行的，这难道不是一个可能的答案吗?

我认为，这可以证明，看起来无法克服的问题可分为两类：一类是关于国防或公共安全的，另一类是关于现代资本主义的力量的。当民众与武装敌人的关系存在问题时，或者当雇员、顾客、农民与大工业之间的关系存在问题时，对解决方案的需要远超民主方法的所有兴趣。

在民族国家的崛起和大规模工业的发展所引发的问题中，可以找到现代世界的根本性新问题。对于这些问题的解决，几乎没有先例，也没有现成的习俗和法律制度可供参考。国际事务领域和工业关系领域是社会中无政府状态的两大中心。这种无政府状态普遍存在。在拥有强大军事力量的民族国家之外，在拥有精心设计的经济强制的大工业之外，对个体安全的威胁总是在上升。以某种方式抵消它、制止它、挫败它，似乎比对同意原则的任何财务方面的考虑都更重要。

因此，为了应对民族国家的威胁，其邻国试图将自己打造得更为强大；为了驯服资本主义的力量，他们支持庞大的官僚机构的发展。面对危险和不受控制的权力，他们建立了名义上属于自己的权力，但这些权力同样庞大、同样不受控制。

三

然而，只有在不稳定的时间内，这些庞大的权力平衡才能实现安全。从 1870 年到 1914 年，世界处于平衡状态。这是不稳定的，世界至今仍未找到新秩序，各国内部的力量平衡也同样不稳定。无论在工业领域还是在国际事务中，都不可能保持任何一种平衡状态足够长的时间，以规则来固定它，并赋予它一种制度形式。权力已经不时地受到权力的制约，但权力彼此间并未相互调整，调整的条件也未被确定和接受。

试图用权力来抵消权力，以此控制权力，这个意图是合理的。除非通过其他力量来遏制所有的权力走向专断的趋势，否则人类相互冲突的目的就无法在和平中得到调和。所有的会议、和谈、法律和理性规则的机制，只有在谈判各方的力量相互抵消的情况下，才能在重大事务中发挥作用。它的抵消，可能是因为各方实际上力量相当，也可能是因为较弱方在世界其他大国中有隐形的盟友，或者在国内事务中获得了社会其他利益相关方的支持。但在制定法律之前，必须有秩序，而秩序就是权力的一种安排。

对于民族主义者和集体主义者来说，最糟糕的是他们试图建立无法持久存在的权力平衡。多元论者至少会说，他们寻求的目的必须以不同的方式实现，有必要创造许多微小的权力平衡来取代整体性的权力平衡。作为一个整体在支持中央政府的民众无法驯服整个资本主义体系，因为“资本主义”涵盖了许多不同的权力，它们分别对不同的群体产生影响。作为一个整体的国家遇不上所有这些权力，也不会与之打交道。我们必须寻找能够抵消对不同人群施加的专断权力的权力。将资本主义简化为可行的法律，并不是通过一般的立法来全面打击它，而是在每个工厂、每个办公室、每个市场逐个击败它的专断权力，将工业运作的整个关系网从由专断权力管辖转变为由既定规则管辖。

国家之间的混乱状态也是如此。如果将一个公民的所有行为都视为该国的行为，那么稳定的力量平衡是不可能的。

在这里，也有必要打破身份的虚构，坚持认为一个商人和另一个商人的争执就是他们之间的争执，而不是国家之间的争端，在这样的一场争执中，每个人都有权维护自己获得公正裁决的权利，但无权以爱国主义为自己的事业辩护。只有通过这样将私人利益分离出来，才能逐渐将国家之间的众多争端置于有序的处理程序之下。事实上，国家之间争端的大部分，也许是最重要的部分，是由其国民之间悬而未决的争端积累而成的。如果在处理这些本质上属于私人性质的争端时不涉及爱国主义，不将一名石油勘探者与整个国家混为一谈，让各国政府做法庭的朋友而不是当事人的辩护律师，那么维持国家间的力量平衡将更容易。它不会受到国内私人利益集团为寻求国家支持而进行的持续攻击。如果国家间的力量平衡能够在足够长的时间内保持稳定，以国际会议建立一系列先例，那么就有可能实现更为持久的和平。

四

在我看来，这些极为粗略的概述是试图使民主理论与公众舆论的性质更加真实一致的一些结论。我认为公众舆论不是上帝的声音，也不是社会的声音，而是对行动感兴趣的旁观者的声音。因此，我假设旁观者的观点与行动者的观点在本质上是不同的，并且他们能够采取的行动方式也有本质上的不同。在我看来，公众有其作用，并必然在争议中有其自己的方法，与执行者的方法有质的不同；将个人目标仅仅视为某种共同目标的衍生物，是一种危险的混淆。

这种对社会的理解，在我看来比赋予公众舆论神圣权力更加真实、可行。它并不假设行动中的人们拥有共同的目标；人们拒绝接受自己是共同目标的代理人这一欺骗性假设。相反，他们被视为特定目标的代理人，没有伪装，也没有尴尬。他们必须生活在一个与拥有其他特定目标的人们共存的世界中。需要进行调整的是社会本身，而最好的社会是人们都有自己的目标并能够以最小的挫折感来实现的社会。当人们对他人的目标采取某种立场时，他们就是在扮演公众的角色。而他们扮演这一角色的目的是促进形成特定目标的条件。

这一理论将信任主要放在了直接相关的个体身上，由他们发起、管理和解决问题。这种理论将使他们尽可能少地受到无知和爱管闲事的局外人的干扰，因为在这一理论中，公众只有在危机时刻才会进行干预，且不是为了处理问题的实质，而是为了抵消阻碍调整的专断力量。这一理论更经济地使用人们作为公众的注意力，并要求他们尽可能少做他们无法胜任的事。这一理论在人们作为公众时，将他们的努力限制在社会动荡中与他们自身利益最为密切相关的事情上；也就是说，干预可能有助于缓解混乱，从而让他们回归到自己的本职中。

因为他们最感兴趣的是他们自己的特定事务。正是通过个体的努力，生活才得以改善。我对公众舆论和群体行动所能做的并不抱太大的期待。

五

我无意为立法计划提供方案，也无意提出新的制度建议。我认为，当前的民主理论中存在着巨大的混淆，这种混淆妨碍并曲解了民主的运作。我对其中的某些混淆进行了批评，但没有坚定的信念，只是觉得一种错误的哲学倾向会使思维僵化，与经验教训相抵触。我不知道当我们学会如实看待公众舆论，而不是把它想象成一种虚构的力量时，我们会从中得到什么教训。如果我们能理解边沁所说的“模棱两可的话语带来困惑……分散和避开疑惧，刺激并点燃激情”，那就足够了。

索　引

Walter Lippmann
The phantom public
Originally Published in 1927 by The Macmillan Company

图书在版编目(CIP)数据
幻影公众 / (美) 沃尔特·李普曼
(Walter Lippmann) 著 ; 林牧茵译. -- 上海 : 上海译
文出版社, 2025. 4. -- (译文经典). -- ISBN 978-7
-5327-9666-3
Ⅰ. D771.221
中国国家版本馆 CIP 数据核字第 20259PM782 号

幻影公众
[美] 沃尔特·李普曼 著 林牧茵 译
责任编辑/钟瑾 装帧设计/张志全工作室

上海译文出版社有限公司出版、发行
网址:www.yiwen.com.cn
201101 上海市闵行区号景路 159 弄 B 座
苏州工业园区美柯乐制版印务有限责任公司印刷

开本 787×1092 1/32 印张 6 插页 5 字数 75,000
2025 年 4 月第 1 版 2025 年 4 月第 1 次印刷
印数:0,001—4,000 册

ISBN 978 - 7 - 5327 - 9666 - 3
定价:48.00 元